Cyriacus Spangenberg

Verlegung des unchristlichen Gottlosen gifftigen Lesterbuchs

Cyriacus Spangenberg

Verlegung des unchristlichen Gottlosen gifftigen Lesterbuchs

ISBN/EAN: 9783743327641

Hergestellt in Europa, USA, Kanada, Australien, Japan

Cover: Foto ©ninafisch / pixelio.de

Manufactured and distributed by brebook publishing software
(www.brebook.com)

Cyriacus Spangenberg

Verlegung des unchristlichen Gottlosen gifftigen Lesterbuchs

Gründtlicher Warer bericht von Catholischer Communion/ vnd rechter niessung Leibs vnd Bluts Jhesu Christi vnsers lieben Herrn/ in dem Hochwirdigen Sacrament des Altars.

Gestellet:

An die lieben Christen in Beyern/ vnd Stifft Saltzburg.

Durch

M. Cyriac. Spangenberg.

M. D. LXV.

Allen fromen

Christen vnd Geisthunge-
rigen/ gnadendürstigen hertzen/
im Hertzogthumb Beyern/ vnd im Ertz-
stifft Saltzburg/ auch vmbligenden orten/
wünschet ware erkentnis Christi/ vnd
durch denselben/ Liecht/ Leben/
trost vnd alle Seligkeit/ M.
Cyria. Spangenberg.

AVsserwelete geliebte Christen/ Ich kan wol achten/ das vnter euch viel trewhertzige Menschen/ darob zum höchsten betrübt vnd bekümmert sein/ das nicht allein mit gewalt/ jhnen die Predigt des Euangelij gestopfft/ der ware einige vnd rechte brauch der Sacramēt Christi/ geweh ret/ vnd rechtschaffene reine Bücher

O ij geno-

genomen/vñ verbotten/sondern darneben auch mehr/deñ in eben langer zeit/zuuor geschehen/ bey gantzen hauffen/schedliche verfůrische/lesterliche Bůcher/ voller Antichristisches giffts/ in druck gegeben/vnd vnter die leut gebracht werdẽ. Dadurch deñ (wie wol zugedencken) nicht geringer schaden bey vielen wird verursachet/ wie denn sonderlich jtziger zeit/ derselben schrifften nicht wenig beide zu Jngolstadt vñ München/in Deutscher sprach/gedrucket werdẽ/ das ich der grossen Lateinischẽ bůcher geschweige sovon den beyden/ Sotis/ Hosio/ Lipomano/Catharino/Paresio/Sonnio/Bruno/ Viguerio/ Horontio/Lindano/vñ andern Baumeistern/an dem gefallen Thurn zu

Ba-

Bäbel neulicher zeit gemachet vñ ausgesprenget wordẽ. Damit sie verhoffen jre bäpstische lehre mißbreuch/grewel/pracht/freuel/vnzucht vnd Tyranney zuerhalten/ vñ was daruon gefallẽ/widerum auff zurichten/ darzu jhnen denn auch nicht wenig weltliche Potentaten vnd gewaltigen/ handreichung thun vnd dienen. Aber mein hertz allerliebsten Christen lasset euch solchs ja nicht jrren/ noch zu hart betrüben/vnd ob jhr wol für andern jtzt/ bey/vnd neben solchẽ ewers hertzen bekümernis/auch müsset das liebe Creutz tragen/ vnd vmb der warheit willen verfolgung/vnd zeitlichen schaden/ an ewren güttern/ vnd narung/ Weib vnd Kinden / auch an Leib vnd Leben/gewertig sein vnd leiden/so erkennet doch das euch solches nicht ohngefehr/sondern mit gutem fürbewust/des trewen Vaters widerfare/ Der euch erschaffen/vnd durch das tewre blut/ seines einigen vn̄ aller liebstē Sons Jhesu Christi erlöset hat/ohn welches willen/ euch auch nicht ein Härlein/ von ewrem Heupt fallē könde/ Bedencket darnebē welch einen tewren werden Schatz/ihr daran habt/ das ihr warhafftig gleubet/ob jr wol ewrent halben Einfaltig/Sündig/Elend/ vnd Swchach seid/ das euch dennoch Christus/der die Warheit/ der Weg vnd das Leben ist/ von Got dem Herrn/selbst gemacht ist/ zur Weisheit/zur Gerechtigkeit/ zur Heyligung vn̄ zur Erlösung/das jhr durch den Glauben an jhn/

das

das ewige leben durch jhn / vnd von jhm / vnnd in jhm / so lange ewer hertz an jhm henget / oder zum wenigsten nach jhm seufftzet vnd sehnet / haben vnd behalten sollet. Denn es ist gewisslich war / vnd ein tewres werdes Wort / das Jhesus Christus in die Welt kommen ist / die Sünder selig zu machen. Denn also hat Gott die Welt geliebet / das er seinen einigen Son gegeben / auff das alle / die an jhn gleuben / nicht verloren werden / sondern das ewige Leben haben sollen. Dieweil jhr das / meine liebsten wisset vnd gleubet / so habt jhr je das aller beste / höchste vnd gröste gutt / das euch warlich so lange bleiben / vnnd wehren muss / als das Wort / darinnen

nen es gefasset/ vnd euch fürgetragen wird. Dasselbige aber bleibet ewig/ wie Christus selbst sagt/ Himel vnd Erden vergehen/ meine wort aber vergehen nicht. O des heiligen trostes/ des edlen schatzes/ Dancket mein fromen Christen dem allmechtigen gütigen Gott/ der einē solchen schein in ewer hertz gegeben hat/ vnd den glauben in euch zu vben vnd zusterckē/ euch in die probe gesetzt/ welches ein sonderlich zeichen/ sonderlicher gnaden ist/ dessen jr euch mehr frewen denn erschrecken sollet. Deñ euch ist gegebē vmb Christus willen zuthun/ das ihr nicht allein an jn gleubet/ sondern auch vmb seinend willen leidet. Erinnert/ euch meine geliebten/ das Christus der Herr euch solchs zuuor zuor geweissaget/vnd verkündigt hat/das es euch nicht von Juden/ Türcken oder Heiden/ sondern eben von denen/ so sich die Kirche nennen vnd der Schlüssel rhümen/widerfaren würde/ Solchs habe ich euch gesagt (spricht er Johan. 16.) das jhr euch nicht ergert/ Sie werden euch in den Bann thun/ vnd kompt die zeit/ das/ wer euch tödtet/ wird meinen er thu Got einen dienst dran. Fürwar dieses wird jtziger zeit/ an euch erfüllet/Lassets euch aber ja nicht bewegen/ von der erkanten warheit abzuweichen/ tröstet euch des/ das der HErr gesagt hat/ Psalm 91. Ich bin bey jhm in der noth. Ich will jhn heraus reissen/ vnd zu ehren machen. Von wem wird solches gesagt?

 Frei-

Freilich von denen / die an den namen Jhesu gleuben / vnd seiner von hertzen begeren / wie denn daselbst geschrieben stehet / Er begeret mein / so wil ich jhm aushelffen. Er kennet meinen namen / darumb wil ich jhn schützen. Er ruffet mich an / darumb wil ich jn erhören. Trawn der son Gottes weissaget vns beides / leid vnd freude / Ir werdet weinē vnd heulen (sagt er) aber die welt wird sich frewen / jhr aber werdet trawrig sein / Doch ewere trawrigkeit sol in frewde verkeret werdē. Ich wil euch wider sehen / vnd ewer hertze sol sich frewen / vñ ewer freude soll niemand von euch nemen. Nu ist ein stücke dieser Prophecey erfüllet / das leid / creutz vñ verfolgung sind verhanden / Es mus sich der

wegen

jr egē das ander / nemlich die freu de auch finden. Denn es ist vnse rem Herrgott auch etwas daran gelegen. Er sagt / Ruff mich an in der not / so wil ich dich erretten / so soltu mich preisen. Diese vnd vorige wort gehen aus einem munde / vnd sind eitel warheit. Zum warzeichen ist die not komen / die fühlet jr / daneben hat sich das ruffen auch funden / solte es Gott nu am erretten mangeln lassen / Wo wolte sein preis bleiben? Traun nein / Er ist ja trewe in allen seinen worten / vnd was er redet vnd zusaget / helt er gewiss / Vns ist befohlen in der noth im Glauben / vnnd hertzlichem vertrawen / zu jhm zu ruffen / vnd in der bekentnis der warheit anzuhalten / vnd den Feinden derselbigen nicht ein

augen-

augenblick zu weichen. Das erretten stehet in Gottes henden/ vnd weil ers denn zugesagt hat/ Fürwar fürwar er wirds euch haltẽ/ das wir jn hie/ vnd dort darfür werden zupreisen haben. Zeitlich kan er wol erretten/ so er erkennet das es vns nütz ist/ wo nicht/ so kan er eine ewige errettung schaffen/ vnd mitler weile trösten/ vnd erhalten/ Die lieben Propheten/ Aposteln/ vnd martyrer sind darumb nicht ewig verlassen wordẽ/ das sie gut vñ blut/ vmb der warheit willen verlieren müssen/ sie sind des gewißlich reichlich ergetzet worden/ nach der warhafftigen züsagung Christi/ Mat. 19. Wer da verlesset Heuser oder brüder/ oder Schwester/ oder Vater oder Mutter/ oder Weib/ oder

kinder/

Kinder / oder Ecker / vmb meines namens willẽ / der wirds hundert feltig nemen / vñ das ewige leben ererben / Was wolt man denn mehr? Auff solche gewisse gegenwertigkeit des Sons Gottes (der in der verfolgung ja also gewiss bey vns sein wil / Als bey den dreien Mennern im fewrigen Ofen / Dani. 3.) auch auff solchen trost / vermanung / verheissung vnd versicherung / verlesset man sich nicht vnbillich. Darúber mügẽ die Tyrannen thun / was sie nicht lassen können. Das wort sie dennoch sollen lassen stan / vnd kein danck darzu haben. Er ist bey vns wol auff dem plan / mit seinem Geist vnd gaben. Nemen sie vns den Leib / Gut / Ehr / Kind vnd Weib. Las fahren dahin / sie habens keinen

nen gewin. Das Reich mus vns doch bleiben. Wie es den Tyrannen/ vñ Verfolgern der Christen gegangẽ ist/ weisen die Historien aus. Die jtzigen Wüterich vnd glaubens feinde/ werdens gewislich auch nicht ewig treibẽ. Lasset euch meine gelichten nicht anfechten/ das sich der Römische hauff für die Catholische Kirche ausgibet/ deñ das ist ein lauter falscher behelff/ jre jrthumb damit zu bedecken. Denn jre lehre ist ja falsch vnd jr leben gottlos/ so verfolgen sie auch vnschuldige leute mit dem schwert/ vnd vergiessen Blut ohn vrsach / das thut die Catholische kirche nicht/ hats auch nie gethan. Sie verbiten den Geistlichen die Ehe/ vnd heissen zu gewissen zeiten bey vermeidung Göttlichs zorns die speisse meiden / tichten newe/ vnd zerreissen das alte rechte Sacrament Christi/machen aus dem Gottesdienst ein gewerbe/wollen vber die schrifft sein / vñ bezeugen allenthalben mit wort vnd that/ das mans nicht allein hören vnd sehen/ sondern auch greiffen vnd fühlen kan / das sie der ware eigentliche Antichrist sind / vñ das rechte Babel/ dauon allen die selig werden wollen/auszugehen aller ding gebüren wil. Das sie aber jtzund so viel wesens / mühe vnd arbeit haben mit schreiben/ disputiren vnd Bücher machen/ lasset euch abermal nicht schreckẽ/ deñ es ist jnen not/vnd ein gut zeichen/daran man merckẽ mus/das der alten Schlangen nicht müsse wol sein. Es wird sie gewislich der Weibes Same/der Jungfrawen

wen kind Christus Jesus vnse
Herr vnd Heyland / durch vn
vnd euch hart vnd vbel tretten
das sie also vmb sich stichet / vn
spruet / schadet aber nicht / es wir
balt besser nachdruckẽ. Der from
vnd Selige lehrer D. Martinu
Lutherus / hat nicht vergebens g
sagt / Weil er lebete woll er de
Bapst Pestilentz vnd gifft sein.
Wenn er aber stürbe / jm der bit
tere todt werdẽ. Das ist auch fü
war (Gott lob) geschehen / vñ noc
im werck / Soll derwegen vnn
kan sie nicht helffen / das sie nu er
viel / vnd grosse Bücher schreibe
wollen / deñ sie doch damit nicht
anders thun vnd ausrichten / de
das sie jhre thorheit / vnd hals
starrige widerspenstigkeit / wide
den Herrn Christum / damit a

ta

tag geben/ wie deñ vnter andern an dem buch zusehen/ das sie new licher zeit/ von der Communion des Leibs vnd Bluts Jesu Christi zusamen getragen/ vñ zu München dieses 1565. jar haben drucken lassen/ Da sie sieben vnd viertzig bogen voller Calumnien/ jrthumb/ Lügen vnd verfelschung/ geklecket/ der meinung zu beweisen vnnd zu beweren/ das der brauch des Sacraments in einer gestalt/ wie der im Bapstumb vblich gewesen/ der einsatzung Christi nicht zuwider/ sondern recht/ Christlich vnd gut/ auch heilsamer vnd nützlicher sey/ denn die Cõmunion vnter beider gestalt/ vnd das die vnrecht/ vnchristlich/ wider Gottes willẽ/ wider Christi meinung/ wider die liebe Kirchen

 vnd

vñ Christliche liebe handeln / Die also auff den Kelch im Abendmal (das man dennallen Christen in gemein reichen solle) dringẽ / Dises bringen sie so verschlagẽ listig vnd weitleufftig für / als sie im̃er können / vnd vermögẽ doch die Eselsohren / Sewrüssel vñ Teuffels klawen / darinnẽ nicht so gar verbergen / das man die nicht vermercken vnd derer jnnen werdẽ solte. Treiben darneben mit dem handel an jhm selbst / sonderlich mit der Kindertauffe / solche spötterey das man daraus wol abnemen kan / das jhnen die Religion kein ernst sey / vñ alles was sie geschriben / nur dahin gerichtet / das sie wollen nie vnrecht gethan habẽ / Vngeachtet das sie selbst wol anders wissen / vñ jren jrthumb nicht verleugnen können. Fürchte ich derwegen gar sehr/ es könne die Meister/ so solchs Buch gemachet schwerlich seelig werden/ vnd sey nicht wol für sie zubitten / denn sie nicht allein den Son Gottes lestern vnd verspotten/ Sondern wider jr gewissen den Geist Gottes Lügenstraffen/ die warheit lügen / vnnd widerumb die Lügen warheit nennen.

Dieweil ich denn wol erachten könne/ das solchs gifftigs böses schedlichs Buch/ euch auch wurde an stadt reiner Christlichen Schrifften/ so man euch nimpt vnd verbeut/ auffgedrungen werden/ vnd mir dasselbige vmb den anfang des Mertzen zukommen/ ich auch aus einem Christlichen eiuer/ hart dawider bewegt vnd von vielen

fromen

fromen hertzen/eine warnung da wider zustellē/gebetten vñ vermanet worden/ Habe ich mir etliche tage von andern meinē im Weinberge des Herrn/ obligenden arbeiten/ abbrechen / vnd so viel zeit an das Münchische Sewbuch wenden müssen/das selbig kürtzlich vnd einfaltig zu widerlegen/ Will mich versehen/ es solle darinnen gleichwol nichts vbergangen sein/Vnd habe hiemit in sonderheit an euch/ (die jhr nicht alle gleich starck seid) ein werck der barmhertzigkeit vben / vnd also/ wie mit einer warnung für diesem/vnd andern Bäpstischen büchern euch zu hüten/dienen/ vnd was für jrthumb / grobe lügen vnd falsch darinnen zubefinden/ zeigen wollen/weis wol das Got

löb/

lob/viel gelarter vnnd zu solchem kampff auch tůchtigere leute verhandẽ/ derer aber eins theils/mit vielfaltigen geschefften verhindert/ eins theils aus anderen vrsachen die Gott bekant/ hie von abgezogen werden. Ich habe mich aber auch in dieser verlegung/als viel mir jmmer můglich der kurtze beflissen/ vñ allein von vnser der waren Euangelischen wegen/den lesterern antwortẽ wollen. Was sie aber die Sacramentirer vnd Corruptelistẽ zeihen / gehet mich nichts an/ will vnd kan anch damit nichts zuschaffen haben/deñ ich derselben jhrthumb/ so wenig als der Båpstischen billige. Der hohe tewre Gottes man/ D. Luther seliger hat viel Tractat geschrieben / darinnen eben das/ so itzt die Bäpstischen Lückenbüsser wider auff die bane bringen / albereidt zuuor stadtlich vnnd gewaltiglich ist verlegt vnd vmbgestossen worden / könte nicht schaden / das solchen von denen so seine Bücher haben können / zu mehrer sterckung in der lehre gelesen werden / als sonderlich das Buch / Von Concilien vnd Kirchen / vnnd die Trostschrifft an die Christen zu Halle / vber herr Georgen Wincklers / jhres Predigers todt / 1527. Jtem / Der bericht von beider gestalt des Sacraments auffs Bischoffs zu Meissen mandat. Vnd was dergleichen mehr ist. Euch aber mein geliebten Christen / wil ich demütig vnd freundlich gebeten haben / diese meine wolmeinung

gunst-

gunstiglich auffzunemen / vnd do jrs nicht verbessern köñet meines Berichts / zur warnūg wider der Gottlosen Bücher zugebrauchē / vnd auch Gott für mich zu bitten. Der Gott alles trostes wolle euch die jhr eine kleine zeit leidet / in seiner erkentnis volbereiten / stercken / krefftigen / gründen / Im glauben vnd bekentnis erhalten / mehren / wachsen vnd zunemen lassen. In der verfolgung trösten / erhören vnd erretten zu seinem lob / vnd ewer aller seligkeit durch Christum Jhesum vnsern einigen Mitler / Heyland / Erlöser vnd seligmacher / Amen.

Geben zu Mansfelt 1565. Den 13. Aprilis / auff welchen tag / vor viel langen zeitten der vntrewe Neidische Haman vom

König

König Assuero / die Blutbrieffe ausbrachte / das alle Juden solten auff einen tag getödtet werden / darüber groß trawrigkeit / noth vnd jamer entstanden / aber letzlich in freude gewendet / vnd das vnglück vber des Blutdürstigen Hamans kopff gebracht worden / der Gott der dazumal gewundert / lebet noch / der wolle auch seine macht an vnsern vnd seinen feinden zu seiner zeit beweisen / vnd die Blutdürstigen verrether vnd Christen mörder stürtze zu seinem lob vnd ehren / AMEN.

Verle-

Verlegung des Mönchi-
schen Buchs.

ES ist dieses Fünffvnd-
sechtzigste Jar / ein eben di-
ckes Buch zu München in
Beiern gedrucket/mit einem
solchen Titel.

Titel des Mönchi schen Buchs.

Gründtlicher warer bericht/
von Catholischer Communion/ vnd rech
ter niessung Leibs vnd Bluts JHEsu
CHRIsti / vnsers lieben HERRN in
dem hochwirdigen Sacrament des Al-
tars/etc. welchs (wie die Vorrede mel-
det/aber das werck viel anders zeuget) von
etlichen fromen Christlichen vnd gelerten
Theologen soll gestellet sein / deren aber
vielleicht keiner sich mit namen darzu bekennen darff/ vnd gehet das gantze Buch
darauff/ die einfaltigen leut zu vberreden/
als solte die Römische Bäpstliche Kirche/
die rechte/ware/ Christliche/Catholische
Kirche sein/ vnd macht haben/im brauch
des heiligen Sacraments/ weise vnd ordnung zustellen vnd enderung zu machen/

Summa des mönischen Buchs.

B in eiin einer oder beider gestalt dasselbige zu-reichen vnd zunehmen / nach dem sie es für gut ansiehet / vnd es der zeit gelegenheit erfordert/Auch wil dasselbige Buch alles was dieselbige Bäpstische Kirche sampt jhren Bischoffen vnd Concilien setzen vnd ordnen / fur eitel heilige Glaubens Artickel / angenomen vnd gehalten haben / schleusset auch forder drauff / Das alle / so solche vermeinte der Bäpstlichen Kirchen/Glaubens Artickel nicht durchauſs in allen stücken gleuben / nicht können selig werden / Welchs alles miteinander treffliche grosse jrthumb vnd vnwarheitten sindt / vnd zu kleinen ehren / desselbē Mönchischē buchs balt im eingang angezogen werden / Darauſs ein jeder vernünfftiger Gottliebender Christ / balde am anfang abzunehmen hat / das im gantzen Buch hernach sich nicht viel es warwarhafftigen berichts zuuermuten.

Bepstische kirche nicht Catho-

Damit wir aber kurtz auff solche stücke antworten / so ists anfenglich zumercken. Das die Römische Bäpstische Kirche / gar keines weges nicht die rechte Catholische

tholische Christliche Kirche/ sondern eigentlich vnd warhafftig des Antichrists Reich vnd Schule ist. Das erste beweise ich also. Einmal sagen die Papisten 1.
selbst/ Catholisch heisse/was allenthalben vnd allezeit ist vnd gewehret hat/ Nu sind der Bäpstischen kirchen fürnembste Artickel/ von Gerechtfertigkeit der wercke für Gott/von der Gnugthuung/Freyen willen/etc. Item/von des Bapsts Primat/ von der Opffermesse/ Heiligen anruffung/Celibat/ Fegfewr/Ablass/ Mönchereyen/ je nicht allezeit gewesen auch nicht allenthalben angenomen vnd gebillichet/ denn die Apostеln vnd jhre nachkomen dauon nichts gewust/ Wie ist denn eine solche Kirche Catholisch? Darnach 2.
sagen sie/ Catholisch heisset/ was alles warhafftiges nichts ausgeschlossen in sich begreiffet/ der gantzen Gemeine des Göttlichen volcks/den Antiquiteten/vnd der einigkeit folget. Nu begreiffet die Bepstische kirche nicht alles/ was die Propheten vnd Apostеln warhafftiges gelеret haben 1.
Denn sie machet CHRJstum nur zum halben Mittler vnd versüner/ dieweil sie

Was Catholisch heisse.

Ware gemeine alt einigkeit

auch andere dinge neben jhm zur seligkeit nötig achtet / so doch die warheit zeuget / er sey die volkomene versünung für alle vnser sünde / Esa. 53. Rom. 3. 1. Johan. 2.

2. Darnach hat sich die Römische Kirche in vielen stücken von der allgemeinẽ kirch CHRIsti durch gantz Orient / Asien / Affrica vnd Grecia zerstrewet / abgeson-

3. dert. Forder die Antiquiteten Apostolischer vnd Prophetischer schrifft fahren lassen / vnd denselben der veter vnd Schul lehrer meinung fürgezogen / viel newer Religion Artickel erfunden / vnd letzlich mit jhrer auffgeworffener Prioritet vielen kirchen / sich von jhr zusondern vrsach gegeben / vnd die einigkeit zerrissen? Solt mann denn eine solche kirche für Catholisch halten. Zu dem / So ist das / so Catholisch ist / nicht wider sich selbst. Die Bäpstische Kirche aber ist inn vielen stücken wider sich selbst. Wie ich denn dieses vnd anders mehr dessen ich hie nur kurtz gedenck / im Fünfften theil / meiner Contrafect des Bapsthumbs nach der lenge / vñ mit vielen Exempeln ausgeführet / vnd

Bepstische kirche wider sich selbst

zwar

zwar das einmal verbieten/ vnd denn wider nachlassen / des Brauchs / des Sacraments / vnter beider gestalt anzeigung gnungsam gibt / wie einig vnd Catholisch die Bäpstische kirche sein müsse.

Vber das hatt die Bäpstische Kirche nicht den allgemeinen Catholicum consensum / oder verstandt vieler wichtigen Artickel. Als das JHEsus CHRIstus allein das Heupt der Kirchen sey. Item / das ein jeder so nicht die gabe der keuscheit hat / wes standes er gleich ist/ sich des Ehestandes möge vnd solte gebrauchen. Item / das CHRIstus seine Sacrament ohne vnterscheidt der personen/ nach seiner ordnung vnd einsatzung vnuerendert wolle gebraucht haben. In diesem vnd viel mehr dergleichen Artickeln helts die Bäpstische Kirche nicht mit dem Catholico consensu der kirchen CHRIsti / wer wolt denn so wirdig sein/ vnd sie für Catholisch halten? 4. Cõmunis consensus. 1. 2. 3.

Noch mehr die Catholische kirche ist je vnd allwege einer gleichstimmende eintrechtiger meinung/ Die Römische 5. Eintrechtige meinung.

5. Bäpstische Kirche verbeut einmal/ es sol
Eintrech sich kein Bischoff das Heupt der Kir-
tige mei- chen schreiben/ baldt gibt sie jhrem eigen
nung. Bischoffe denselbē Titel alleine/ Ein mal
1. verbeut sie als vnrecht vnd vnchristlich
2. den Leien/ das Sacrament vnter beyder
gestalt zureichen. Das ander mal erleubt sie es wider/ wie kan sie denn Catholisch sein.

6.
Vertraw Vnd was sol man viel sagen/ die Ca-
en allein tholische Kirche setzt jhr vertrawen allein
auff Got auff Gott. Helt vber der Lehre Pauli/
vnd folget alleine der stimme jres Breut-
1. gams Christi. Dieweil aber die Bäpstische kirche jhr vertrawen auch auff wer-
2. cke/ Heiligen/ verdienst/ gnugthuung/
Messen vnd Ablass setzet/ vmb der Lere
3. Pauli willen/ (Allein durch den Glauben wirdt man gerecht) Die leute mit
Schwerdt/ fewer vnd wasser verfolgen/
vnd eines andern/ Nemlich/ des Bäpsts
stimme/ in denen dingen die CHRIstus
nicht befohlē/ja auch deren er mit keinem
wort gedacht/folget. So ist je wol zusehen

hen vnd zugreiffen / das die Bäpstische Kirche nicht kan noch sol für Catholisch geachtet werden.

Viel andere beweisung mehr kündte man einführen / das die Bäpstische kirche nicht Catholisch sey / Als das sie den Heuptartickel der Catholischen kirchen / Alleine durch den Glauben an JHEsum CHRIstum wirdt man gerecht / nicht treibet / ja keins weges leiden noch dulden kan. Item / das sie nicht ist ein pfeiler noch grundtfeste der Warheit / sondern sich auff lügen / vnd Menschen gedichte gründet / vnd an stadt der Warheit grobe vñ greiffliche lügen vnuerschampt leret vnd predigt. Wie jr alten vnd newen Postillen allenthalben ausweisen. Itē das sie lehret vnd zuhalten gebeut / nicht / nur das / ja wol selten das / was Christus befohlen hat / sondern / was jhre Prelaten gut düncket / Dauon in der schrifft nicht ein wort oder Buchstabe zufinden / rhümen sich noch solchs gar schon darzu / vñ schreiben selbst von jrer Kirchen / Ecclesia tradit dogmata fidei, extra scripturam, Das Nota.

Findt des à Soto, eines der Bäpstischen Apostel eigene Wort / Vnd des Findt die andern mit jm eins. Item / die Bäpstische kirche vberhebt sich vber CHRIstum / wil klüger sein denn er / lesset jhr nicht genügen an den Sacramenten / die er gemeiner Christenheit zum besten verordnet / zerreisset vnd missbrauchet dieselben / vnd tichtet noch andere mehr darzu / Vnd was des dinges mehr ist / so offentlich am tage / das sie es nicht leugnen können.

10\.

Bepstische kirche nicht Christlich noch heilig.

Ist denn nu die Bepstische kirche nicht Catholisch / wie sie denn aus vorgehenden vrsachen nicht sein kan / so ist sie auch nicht eine Christliche kirche / auch keine heilige Kirche / sondern eine Antichristische / vnheilige verfluchte kirche. Wie solchs aus anleitung vnd auch durch gefellets vrtheil der schrifft vnwiderleglich darzu thun / So habe ich auch für dieser zeit im Buch Contrafet des Bapsthumbs genandt / mit Hundert greifflichen Merckzeichen aus den worten des Propheten Daniels / vnd der dreyer Apo-

Bapst der Antichrist.

steln /

steln Pauli / Petri vnd Johannis beweiset vnd erhalten / das der Römisch Bapst sampt seiner vermeinten Kirchen / der Antichrist vnd widerwertige Gottes sey.

Weil denn diss so klar vnd helle am tage / als die liebe Sonne im hohen mittage / so solte jha nu mehr ein jeder schier selbst lernen / wo für die Bäpstische Kirche zu achten / vnnd ob man sie zu hören oder nicht / viel mehr zu fliehē verbunden / ja ob sie auch einige gewalt oder macht haben / Christi des Herrn wort jhres gefallens auszulegen / vnd seinen Sacramenten mass vnnd ordnung nach jhrem gutdüncken zustellen. Welche macht vnd gewalt doch auch die rechte / ware / heilige Catholische Kirche nicht hat / vnd derwegen wol zugedencken ist / was für ein geist die Bäpstische Kirche treiben müsse / sich solchs freuels vñ vermessener gewalt anzumassen. Darumb warlich hohe zeit / das sich von der Bäpstische Kirche absondere vnd aussgehe / wer nicht mit der selben ewiglich wil verflucht werden.

Vermente gewalt der Bäpstische Kirche.

Nach dem denn auch die Römische

Bäpstische kirche verfolget den glauben.

Bäpstische kirche/ den rechtẽ waren glabe nicht hat/ sondern denselben verfolget/ vñ wie im Trientischen Concilio geschehen darzu verdammet/ vnd an stadt desselben/ die Lehre vom zweiffel setzet vnd bestetigt/ Wie können sie denn in glaubens sachen / vnd von Glaubens artickeln etwas rechtschaffens vrteilen oder schliessen? Dieweil sie wie gesa gt das Richtscheit selbst nicht hat/ viel weniger kan vñ soll man der Bäpste/ Bischoffe vnd Concilien satzung/ vnd traditiones/ für glaubens Artickel/ vnd als Gotes wort gleich halten noch annemen / Denn was nicht aus dem glauben gehet / das ist Sünde.

Antichrists eigenschafft

Ja eben das ist des Antichrists eigenschafft/ das er seine meinung/ satzung vnd ordnung/ (ob sie gleich im wort nicht aus drücklich gegründet) will Gottes wort vnd den beschribnen glaubens artickeln gleich / jha noch wol mehr vnd höber gehalten haben. Vnd wie kündte sich der Antichrist schendlicher vnnd vnfletiger für aller Welt entblössen vnd selbst offenbaren/ deñ mit dieser freuelen vermessenheit / das er sich nicht schewet durch

seine

ine Bullen / vnd anderer jhm verwan-
en Scribenten bücher / offentlichen zu-
chreien / Ich bin das heupt / vnd oberster
Bischoff der Kirchen / was ich sampt mei
nen Bischoffen vnd Concilien schliesse /
setze vnd ordne / ob dauon gleich nicht / aus
druckliche befel in der schrifft verhanden /
so gehöret es doch zum Catholischen glau
ben / vnd soll bey vermeidung der höhesten
straffe / als ein Artikel des glaubens auff-
genomen / vnd gehalten werden.

Nota. Vermessener freuel des Bapsts.

Wie kündte man nur den Antichrist
klerer vnd deutlicher hören sich selbst aus
ruffen? das er eben der sey / der sich an
Gottes stette setzet / Göttliche macht vnd
gewalt Glaubens artickel zu stellen jm an
masset / vnd in summa Gotte alsogleich
sein will / Das er durch seine getrewe diener / die den vermeinten grundlichen bericht von der Comunion gestellet haben /
vnuerschampt fürgeben darff / wer nit seine satzung vñ ordnung ausser der schrifft
aus gutem bedenckē beschlossen / so wol vñ
so volkomlich gleubt vñ anhangt / als der
schrifft selber / der habe nicht den rechten
waren

Antichrist verret sich selbst.

waren glauben/vnd ziehen die groben E-
sel daher den schönen spruch des heilig-
Athanasij in seinem Symbolo der als-
lautet. Wer da wil selig werden/der mus
" für allen dingen den rechten Christlich-
" glauben haben/wer den selben nicht gan-
vnd rein helt/der wird ohne zweiffel ewi-
verloren sein.

Symbolū Athanasij.

Hieraus wollen die blinden elende l-
te beweisen/das der den gantzen glaub-
nicht helt noch hat/der nicht gleubet da-
der Bapst das Heupt der Kirchen sey/v-
mit seinē Concilien macht habe/in Gla-
ben vnd Sacraments sachen ordnun-
vnd weise/nach gelegenheit der zeit zuse-
tzen/oder wie sie es ein wenig verblüm-
ter fürgeben. Wer nicht gleubet/das d-
Kirche gewalt habe Glaubens artickel z-
machen.

Nu sihe ich doch frommer Christ we-
che eine vnuernünfftige thollkunheit di-
sey. Der liebe Athanasius wil vns in se-
nem Symbolo/alles was einē Christe-
der selig werden wil zu gleuben von nöte-
ist/kürtzlich fürstellen. Vnd hat one zw-

fel solches mit grosser bedacht gethan/ "
vnd wol auffgemercket/ das er ja nichts "
vergesse noch außsliesse/ vnd setzt derhalben auch zum eingang diese wort. Diß
ist aber der rechte Christliche glaube/vnd
das will er von folgenden worten vnd ar-
tikeln seines gantzen Symboli verstanden haben. Nu er denn die Artickel alle er
zelet vnd also das Symbolum Apostoli-
cum auch will gantz mit eingeschlossen ha
ben/ schleusset er endlich/ Das (verstehet "
was bißher im Symbolo erzelet vnnd
nichts anders) ist der rechte Christliche
glaube/etc.

Wo wird aber im Symbolo auch nur
mit einem wort/ der angemasten gewalt
des Bapsts/oder auch der Kirchen/Glau
bens Artickel zusetzen/vnd im brauch des
Sacraments enderung fürzunemen/ gedacht oder erwenet? Furwar nirgends/
Was kan man sich denn mit dem spruch
Athanasij behelffen?

Ja sagen sie als denn/ Athanasius ist Symbo-
dennoch dem Symbolo Apostolico zuge- lum Apo
than vnd da stehet ja trawen der Arckel: stolicum.

Ich

Ich gleube eine Catholische kirche/ da ist ja die gewalt der Kirche gegrundet/ wer nu vermöge dieses Artickels nicht gleubet das die Kirche macht habe/ Glaubens Artikel zusetzen ꝛc. der hat den gantzē glauben nicht/ vnd kan auch nicht selig werdē.

Hie sihe abermal lieber Christ/ mit was betrug die Antichristischen verfürer vmbgehn. Im glauben stehet/ Ich gleube das ein allgemeine Catholisch Christliche kirche sey/ vñ folget darnach drauff was der Herr Christus dieser seiner geliebten kirchen für gewalt vbergebē habe/ nemlich/

Gewalt der Kirchen.

1. Sünde zuuergeben/ verstehe den gleubigen vnd bussfertigen/ Das also auch der
2. Binde schlüssel sünde zubehalten/ verstanden werde. Das ist die gantze gewalt so die Kirche Christi hie auff Erden hat weiters gedenckt der Christliche Glaube derer macht vnd gewalt so sich die Bäpstische kirche vermisset mit keinem wort/ Vnd dennoch wollen die verblenten leut/ auch andere Artikel jhres gefallens in Christlichen glauben ein mengen/ von solchen dingen/ derer die gantze schrifft nicht

gedemgedencket/die auch zum glauben nicht gehören / vnd dürffen denn schliessen/ wer solche jr Decreta vñ satzung nicht gleube/ der habe den gantzen glauben nicht. Vnd mus also der schrifft glaube ein halber verstümleter glaube sein / wo er nicht durch anhengung jrer Traditionen vnd satzung volkomen gemacht werde/heisset aber das nicht beide die schrifft vñ den glauben fein geehret? Heissen das nicht menschẽ wort/ Gotes wort gleich achten? Heisset das nit frey bekennen/das der Christliche glaube nicht gantz vnd volkomen in der schrifft gegründet vnd begriffen sey? Viel anders sagt der H. Chrysostomus. Omnia Euangelium continet, præsentia & futura honorẽ & pietatem, Fidẽ simul omni prædicatione verbi conclusit. Vnd Tertullianus; Nobis curiositate opus non est, post Christum Iesum neque inquisitione post Euangelium cum credimus nihil desideramus vltra credere) Hoc enim prius credimus non esse, quod vltra credere debemus. Diese vnd andere zeugnis der alten Veter zeigen an/ das der gantze Glaube in der

Chrisostomus.

Tertullianus.

schrifft

schrifft verfasset ist/ vnnd wissen nicht vom zusatz der Bäpste vnd Concilien.

Nu wir denn alles was die Schrifft zu glauben vns fürhelt/ im glauben auffnemen auch keinen Artikel in den Symbolis leugnen/ mit was gewissen können vns denn die heilosen Papisten beschuldigen/ als solten wir nu einen halben glauben haben/ Ketzer sein/ vnnd nicht Selig werden konnen/ ohne was sie sonst jhrer vnart vber vns ligen/ darauff aber zu andern zeiten gnugsam geantwortet worden/ wenn die verstockten lesterer/ sonst hören vnd sehen wolten.

Theilũg des Mönchischen Buchs.

Es stellen aber die wunderbare newen scribenten jhren grundlichen bericht von der Commnnion/ in zwey theil. Im Ersten wollen sie beweisen/ das der brauch/ in einerley gestalt Christlich vnd recht sey. Im andern wollen sie alles/ was wir dawider fürgebracht/ zum statlichsten verlegen.

Summa des erstẽ theils.

Was den Ersten theil anlanget/ ists eben viel auff einen bissen zunemen/ das sie sich vnterwinden darzu thun das die Commu=

Communion vnter einer gestalt / nicht sey zutadlen / auch heiliger schrifft / Apostolischer Kirchen vnd den worten Christi nicht zu wider / sondern demselben gemess vnd Gottes willen angenehm.

Dieses wollen sie durch die Argumenta vnd weisen war machen. Durch welche wir die Communion vnter beider gestalt Rechtfertigen / wo wir nu damit zu frieden sein werden / so bleibe ein brauch des Sacraments / so wol in seiner wirde als der ander / doch auff verordnung der Kirchen / wie es am bequemesten zugebrauchen / wo aber nicht / so müsse der brauch in zweyer gestalt ja so verwerfflich sein / als der vnter einer / Wolan es heisset sich nach jrem bedüncken viel erboten / aber redtlich auch den HERRN Christum zur schul geführet / Wir wollen aber das meister stück sehen.

Die Lutherischen beweisen / mit Christi worten / mit der schrifft / mit den Historien der alten kirchen / vnd den sprüchen heiliger Lehrer / das es recht sey das Sacrament vnter beider gestalt nemen. Beweis

Eben durch dieselben stücke/ wollen diese hochkluge Papisten vnd Jhesuiter auch beweisen/ das gleicher gestalt/ Der Papistisch brauch vnter einer gestalt Christlich vnd recht sey/ Vnd hiezu legen sie im Ersten theil des berichts vier gründe/ die wollen wir besehen.

1. Des Münchischen Buchs Erster Grundt.

Der Erste grundt ist. Weil das Sacrament von Secten vnd Rotten auffs aller grewlichst getrieben gezwungen/ vnd geschendet worden/ So sey der brauch der Bäpstischen Kirchen vnter einer gestalt für die Leyen/ je recht vnnd Christlich. Schleusset sich das nicht mechtig fein? vnd hat auch jemandts jemals gehöret/ Das viel missbreuche eines guten dinges einen andern missbrauch/ so eben an demselben doch auff eine andere weise geschicht/ können vnd sollen rechtfertigen/ Gelt vnnd gut ist an jhm selbst eine gute gabe Gottes/ aber es wirdt schendtlichen missbraucht/ Einer wuchert/ der ander pranget/ der dritte treibet ein Epicurisch/ der vierde ein vnzüchtig leben damit/ der fünfft legts an prechtig gebew/ Der sechste an

Ein missbrauch rechtfertigt den andern nicht.

Gleichnis.

ste an hoffertige ergerliche kleidunge/ der siebende an stocknarren/ Der achte verspielets/ der neunde verseuffts/ etc. dieses ist alles vnrecht/aber darauſs folget/nicht/ das der darumb recht thue/ der gelt vnd gut hinter sich legt/für sich allein gebrauchet/vnd niemandts damit dienstlich noch behülfflich ist. Denn in allen dingen darauff zusehen/ wozu es eigentlich geschaffen vnd geordnet/ vnd wie es Gott zugebrauchen befohle.

Vnd was gehet vns an/ wie andere des Testaments des HErrn CHRJsti missbrauchen? Wir loben noch billichen in verordnung der Kirchendiener vnnd handelung des Sacraments kein vnordnung/ noch verwechslung der gebreuchlichen wort CHRJsti von Euangelisten beschrieben/ wir vnterstehen vns auch nicht zuuertretten noch zu rechtfertigen/ Die Griechen/ Moscobiter/ Zwinglianer/ Caluinisten/noch andere dergleichen schwermer/ Wir wissen von keinẽ todten leib in vnserm Sacrament/ haben auch nie etwas dauon gelehret noch gehöret/

Wir lobẽ keine vnordnũge.

Schütten nichts auff die Erden / vn sindt allen vnzüchtigen / vnhübschen leichtfertigen / vngeistlichen reden von diesem heiligen Hochwirdigen Sacrament / von hertzen vnd zum höchsten entgegen / lassens auch / da solche vnfleter befunden würden nicht vngestrafft hingehen.

Gifftige aufflagē.

Aber also gifftige hertzen tragen vnsere feinde / Das sie wider jhr gewissen / vnd vnser offentliche bekendtnis / auch menniglich bekandte Kirchenordnungen / vns gern alle solche missbreuche in busen schieben / vnd derer bey jederman verdechtich machen wolten / Daran vns doch für Gott vnd der Welt vngüttlich geschiehet / Denn wir jtzt erzelten missbreuch keinen weder loben noch billichen / auch deren vnsere Kirchen wol frey wissen.

Papistische miss breuche bey dem Sacrament.

Doch können wir auch jhre Lehre von der Transsubstantiation nicht für recht / noch das man eben in handlung des Sacraments / Wasser vnter den Wein mischen / müste für nötig erkennen / So haben wir auch keinen befehl / das Sacrament nent auffzuheben / beyzuschliessen / im Heuſslin anzubeten / vnd in der Proceſs ombzutragen / verdammen vnd verwerffen / Derwegen solche falsche Lehre / jrthumb vnnd miſsbreuche der Papisten nichts wenigers / denn vor erzelete falsche vnrichtige vnd vntüchtige miſsbreuche / bey dem Hochwirdigen Sacrament.

Calumnia.

Gleichwol ists auch eine gifftige vnd Teuffliſche Calumnien / Das vns die meister des berichts / vneiniger meinung bezüchtigen / das wir wider die falsche Lehre von der Transsubstantiation / in beschreibung der gegenwertigkeit des Leibs vnd Bluts CHRisti / derer wörtlin / In mit / vnd vnter dem Brott vnd Wein / etc. gebrauchen / Denn wir vns gnungsam / was hierinne vnser meinung sey in vielfaltigen Schrifften / beyde wider sie die Papisten / vnd auch wider die Sacrament schwermer haben verkleret / Was wir auch von rechter anbetung vnd ehrerbietung gegen vnsern HERRN CHRIstum im Sacrament halten / ist niemandt verborgen / ob wir gleich die Gottlose

Anbetūg bey dem Sacrament.

 anbe-

anbetung des brotts im heußlin vñ Monstrantzen verwerffen / So ist das auch kein jrthumb / das wir den Glauben / die rechte vnd warhafftige gnugsame bereitung zum Sacrament nennen. Denn wir nicht von einem solchen todten / getrewmeten / Historischen vnnd Papistischen glauben reden / wie sie vns gerne zumessen wolten / wissen auch wol / was Gott auß gnaden bey denen / forder thue vnd wircke / vnd wo zu jhnen das Sacrament nützlich vnd dienstlich sey / die es im rechten Glauben empfahen / Das alda freilich nicht allein die vorigen Sünden vergeben / vnd abgelegt werden / sondern auch besserung des lebens / vnd newer gehorsam folget.

Bereitung zů Sacrament.

Nutz des Sacraments.

Ob wir aber den Bäpstischen vnrecht thun / do wir sagen / der brauch vnter einer gestalt / sey newlich inn die Kirche eingeführet worden. Item das Costnitzer Concilium / habe den Leien den Kelch freuentlich abgedrungen. Item die Geistlichen haben durch solche sonderung einen fürzug für andern gemeinē Christen gesucher

Was wir die Bepstische beschůldigē

das

as weisen die Historien vnd Acta/ ja die Decreta desselben Costnitzer Concilij wol auss/ sampt folgender erfahrung/ vnd habe ich nach der lenge dauon bericht gethan/ in meinen predigten vber die Erste Epistel zu den Corinthern am eilfften Capittel/ vnd auch folgendts etwas dauon zur antwort/ auff der Papisten vnd Jesuiter lügen gemeldet werden.

Was haben sie denn nu durch diesen jhren ersten grundt/ für jhre eine gestalt/ Das sie recht vnd Christlich sey bewiesen vnd erstritten? Nichts.

Der ander Grundt denn sie fürwenden ist dieser/ Es sey vnter einer jeden gestalt/ im Sacrament der gantze CHRIstus/ man nehme nu welche man wolle alleine/ Brott oder Wein/ so empfahe man den gantzen CHRISTVM/ vnd derwegen sey es nicht vnrecht/ sonder Christlich vnd wolgethan/ ob man das Sacrament gleich nicht in beider/ sondern auch nur inn einer gestalt nehme oder reiche.

II. Der Andergrüdt des müntzischen Buchs.

Wie schicket sich aber das zusamen? Wir haben mit den Bäpstischen darüber keinen streit dieses orts von dem wesen des Sacraments / (ohne das sie jhr Transsubstantiation drein mengen) wir bekennen vnd gleuben / so wol vnd besser als sie / das vns im Sacrament der war lebendige CHRIstus warer Gott vnd Mensch / gantz vnd vnzertheilt / mit leib vnd Seel / fleisch vnd blut warhafftig gereichet vnd gegeben / auch von allen die dieses Sacrament essen vnd trincken genomen vnd entpfangen werde. Aber darüber sind wir vneins / wie wir das so vns gereichet wirdt annemen / empfahen vnd brauchen sollen / Da bleiben wir bey den befehl worten / da vns Christus sein Leib in oder mit dem brott heisset essen / vnd desgleichen sein blutt aus dem Kelche in oder mit dem Weine trincken. Diesem Befehl nach achten wir / solle das Sacrament gebraucht werden auff die weise / wie er hat geheissen / vnd auff keine andere weise / Hie soll nicht mehr geschehen auch nichts weniger / denn wie ers befohlen /

Wo von eigentlich der streit sey.

Befehl Christi.

Sol-

Solcher des HErrn JHesu CHristi befelch/ ist vns vnd allen fromen Christen tausentmal gewisser/ denn alles was von Menschen vnd Engeln möchte dagegen fürgewendet werden/ Ist auch vnser höchstes fundament vnd grundfeste dabey wir bleiben/ vnd damit alles loses geschwetze der Papisten vmbstossen können/ wenn wir auch gleich sonst nichts mehr hetten.

Damit trennen vnd sondern wir aber nicht das blut von seinem heiligen Leibe/ noch den Leib von seinem blute/ als einen todten cörper von dem heraus gelauffnen blutte/ Sondern sehen auff seine wort/ glauben denselben/ bekümmern vns nicht darumb/ wie vnd in wasserley weise er vns seinen leib besonders mit dem brot zu essen/ vnnd sein Blut besonders aus dem Kelche zu trincken geben könne/ also das doch keines von dem andern also grober vnd greifflicher weise gescheiden werden/ Wissen wol das er warhafftig vnd Allmechtig ist/ das er helt was er sagt/ vnd thun kann was er wil/ vnd nach dem es auch ein Sacrament des glaubens ist/ so

Wir trennen Christum nicht.

stellen wir die vernunfft zu rucke/vnd bekummern vns nicht darumb wie der Leib vnd das blut vnter einer oder beider gestalt sey/sondern/gleuben festiglich/das vnter einer jeden gestalt eigentlichen das ist/ das Christus mit seinen worten selbst namhafftig machet/ vnd im gehorsam solchs glaubens nemen wir das so er gibt/ auff die weise wie ers zu nemen befilet. Nu heisset er seinen Leib essen/vnd nicht trincken/ vnnd sein Blut heisset er trincken/ vnd nicht Essen. Derwegen richten wir vns auch nach solchem verklereten vnd offenbareten willen Gottes/vnnd vnsers HErr Christi/Essen seinen Leib im Brot vnnd trincken darneben sein Blut im Wein/ vnterwinden vns nicht klüger zusein denn Christus/ vnd sein Leib vnd Blut zugleich zu essen im brot allein/ vnd den andern theil des befelhs hindan zusetzen/ vnd das trincken zu vnterlassen/ oder wie andere schwermer auff jene seiten fallen/möchten den Leib Christi sampt dem Blut/nur allein aus dem Kelch zutrincken/ mit vnterlassung des fordern theil Göttliches befelhs/ welcher vns

isset den leib Christi essen.

Wenn man denn vom rechten brauch ses Sacraments redet/wie man es nicht ach eigener willkür/oder der Menschen utdüncken/ sondern nach Christi befehl nd ordnung empfahen soll/ so solt man it der vernunfft gedancken/herein füren nd daraus schliessen/ Es ist in einer ge- alt so viel als in beider/Der Leib Chri- i ist nicht ohne Blut/darumb ists gleich nug das Sacrament vnter einer gestalt auchen/ Hilfft derwegen die Gottlosen apisten alles mit ein ander nichts/was c in diesem andern grunde/ jhren zerstü- elten brauch des Sacraments zube- hönen anziehen/vnd ist auch ohne noth nen weitleuffiger drauff zu antworten/ lein etliche kurtze erinnerungen sind dar ben zuthnn.

Rechter gebrauch des Sacraments.

Erstlich was die zeugnis der schrifft be- ngt/beweisen dieselben nicht mehr denn is vns Christus in seinem Sacrament/einen aren lebendigen leib gebe/ es folget aber rumb daraus nicht/wenn man den waren ib Christi im brot gessen hat/das man mit den gantzen befehl bey diesem Testa ment

Zeugnis d' schrifft im Münchischen buch angezogen.

ment ausgerichtet haben/vñ das trinck aus dem Kelch vnterlassen möge.

Der Text Johannis 6. wird gewal-
Das 6. Capitel Joãnis. samer weise auff das Leibliche oder mü[n]liche essen/ des Leibs Christi gezoge[n]. Denn an dem selben ort der HErr Chri-stus von dem geistlichen essen des glau-bens redet/vnd nicht das Sacrament [ein]setzet. Welchs Geistlichs essen doch [zu] dem Leiblichen essen im Sacrament ko[m]men muss/ soll es anders dem Mensch[en] heilsam vnd nützlich sein.

Es ist aber nicht wunder das die Bä[p]stischen die schrifft wol radbrechen/ de[nn] die meister des Berichts/ bald nach an[]zeigung des sechsten Capitel Joannis gar in der Fastnacht komen/ Ich wü[ste] ja nicht was sie dieses orts aus dẽ spru[ch]
Syrach 24. Syrach 24. erzwingen wollen/da deñ st[e]het/Wer von mir isset der hungert jm[mer] nach mir/ vnd wer von mir trincket/d[en] dürstet jmmer nach mir etc. Wollen si[e] daraus die eine gestalt für recht bewere[n]/ Das kan ich nicht finden. Was darnac[h]
August. aus den Quæstionibus Augustini super Le-
uiticum

icum angezogen wird / befindet sich
ht also / ohne was sie sunst darnach
hr schwermen / Darauff wol wo es
th thet jhnen kündte geantwortet vnnd
gezeigt werden / das die meister dieses
uchs gute grobe gesellen gewesen.

Die sprüche aus den vetern Cypriano / Sprüche der Veter.
mbosio / Hieronimo / vnd Augustino
gezogen / sind nichts wider vns / vnd
enen auch zu jhrer sachen nicht / vnd ist
ar schal das sie sich damit behelffen wol
n / vnd sagen / An dem vnd an dem ort
eden die Veter allein vom essen / wenn
e des Sacraments gedencken / darumb
ts ohne noth / das man das Sacrament
beider gestalt gebrauche / ist gleich genug das mans in einer empfahe. Ist Gleichnis.
gleich als wenn ein Antinomer spreche /
Christus hat seinen Jüngern befolhen 1.
das Euangelium zu Predigen / darumb
st ohne noth / das man auch das Gesetz 2.
Predige. Oder ein ander fürgebe / Da-
uid spricht / Wol dem der lust hat zum Ge
setz des Herren vnd redet von seinem Ge
setze tag vnd nacht etc. Derwegen achtet
er von

er von vnnötten/ das man auch tag v[nd]
nacht vom Euangelio rede. Vnd w[ie]
kündte man nicht zerstücken vnd zertren
nen wenn man also der schrifft/vnd d[er]
Veter sprüche wolte deuten vnd anz[ie]
hen.

Gregorij spruch.

Des Gregorij spruch/Christus wir[d]
in diesem mysterio des heiligen opffers
widerumb immollirt vñ geopffert/ist ga[r]
vnbescheiden geredt/ Denn für eins so i[st]
das Sacrament kein offer /sondern ein

Sacramēt kein opffer.

Testament des Herrn Christi/darinnen
er vns seine gütter bescheidet vnd gibt/
nicht von vns nimpt noch empfehet/wird
auch in einsatzung desselbē/ keines vnsers

danck opffer.

opffers gedacht/ noch vns zu opffern befolhen /vnd da man gleich die gedechtnis
so wir da bey haben sollen / für ein danck
opffer rechnen wolte / so wird doch nicht
Christus/sondern die farren vnser lippen
wie Oseas am 14. sagt / vnser dancksa-
gung/lob/rum vñ preiss / so wir Gotte ge
ben/dadurch dem Himlischen Vater vñ
seinem Son Christo vberreicht/vnd also
zu reden geopffert/ Denn Christus darff

wider

wider sein noch vnsert halben mehr geopffert werden/ dieweil er solches ein mal
gethan hat/ da er sich selbst opfferte/ Heb.
7. Vnd ist also durch sein eigen blut ein
mal in das heilige eingangen/ vnd hat eine ewige erlösung erfunden/ Heb. 9. Vnd
ist nicht noth/ das dieses opffern widerholet werde/ Denn er ist einmal erschienen/
durch sein eigen opffer die sünde auffzuhe
ben. Vnd wie dem Menschen gesetzt ist
einmal zu sterben/ darnach aber das ge-
richte. Also ist Christus ein mal geopffert
weg zunemen vieler sünde/ Heb. 9. Nu
soll wol offt die niessung seines Testaments
vnd sein gedechtnis/ aber nicht das opffern
widerholet werden/ denn nach dem er hat
ein opffer für die Sünde geopffert das
ewiglich gilt/ sitzet er nun zur rechten
Gottes/ vnd wartet hinfort biss seine
feinde zum Schemel seiner füsse gelegt
werden. Denn mit einem opffer hat er
in ewigkeit vollendet die geheiliget wer-
den/ Heb. 10.

Christus nur einmal geopffert.

Diese vnd dergleichen sprüche der schrifft
sollen vns je gewisser sein vnd mehr gel-
ten/

ten / Denn alles was die Papisten ung
reimpter weise aus etlichen Vetern / vo
teglichen opffer in der Messe durch d
Priester fürgeben. Paulus sagt Gallat.
Christus Jhesus hat sich selbst für vns
Sünde gegeben / Er spricht nicht / das
noch geschehen soll / sondern er hats alb
reit gethan / Hat sich darzu selbst / selb
sagt er / für vnser Sünde gegeben / so
nicht allererst teglich für dieselbige durc
die Mespfaffen dargegeben oder geo
pfert werden.

Schul scribentē

Die Schul scribenten / können mit
jhren gedancken / ohne schrifft nichts beweren / Dazu reimet sich das Gleichnis
aus Thoma hilfft gar nichts / denn was
ist das für ein Consequentz mit einem
Pitschafft kan man viel brieff versiegeln
vnd bleibt doch das Pitschafft gantz. Ergo,

Vntüchtigs gleichnis.

So ist vnter einer jeden gestalt des Sacraments so viel als vnter der andern /
vnd allen beiden / vnd ist derwegen genug
das mans nur vnter einer gestalt neme.

Nerrisch vnd lecherlich gnug / ists das
die Bäpstischen jre Transubstantiation /

vnd

Jüdische Rabinē.

nd eine gestalt mit den Jüdischen Rabinen wollen beweisen / Do man doch wol weiss / das dieselben ja so weit von der Schrifft gangen als die Papisten / aber gleich vnd gleich gesellet sich gern / vnd muss die arme burse sich behelffen / womit sie kan / weil jhnen die schrifft so gar nicht vnnd die Veter schwechlich gnug zulegen / vielleicht wirdt auff ein ander mal der Alcoran / auch noch dran müssen.

Cōcilia.

Concilia beweren nichts / wo sie nicht das klare helle Wort Gottes für sich haben / So wüste ich nicht / was die elenden leute auss denen Concilien / die sie dieses orts namhafftig machen / erhalten köndten.

Lateranense. Concilium.

Das Lateranense sagt / CHRIstus sey inn diesem Sacrament Priester vnnd Opffer / was nimpt das beyden ? oder was gibts einer gestalt ? Das CHRIstus warhafftig mit seinem Leib vnd Blutt im Sacrament zuentgegen sey / haben wir nie geleugnet.

Viennense Concilium.

Das gantz nerrisch Concilium zu Wien in Franckreich gehalten / hat das

D Fron-

Fronleichnams Fest auff einen gewiss tag im Jar angestellet / das man alda d Leib CHRJsti (wie sie das eingeschlo sene brott genant) mit sonderlicher Reu rentz vnnd Process herumb tragen solt Das ist stracks wider den befehl Christi der sein Leib essen vnd sein Blut trincken, nicht einsperren noch vmbtragen heisset, vnd nicht wil von einander gesondert / vn dem einen / ein eigen Fest / vngedacht de andern gehalten haben / Es heisset solchs thut so offt jhrs thut / so offt jhrs trinck zu meinem gedechtniss / ein stettiges Fes Des für vns dahin gegebenen leibs vn vergossenen bluts / sollen wir halten vnd begehen / inn gleubiger gedechtniss aller wolthaten des HErrn JHEsu Christi / beyneben pflichtiger dancksagung vnnd Christlichen gehorsam.

Nota. Vnd ist nichts geredt / Hette das Concilium gewust oder gemeint / das vnter der gestalt des brotts auch das blut Christi were / so hette es freilich auch dē blut Christi ein besonders Fest geordnet. Ja lieber Jesuiter vñ Papist / were das Concilium bey

vnd in

in dem gehorsam Jhesu Christi blie-
o hett es gethan/ was Christus heisset
befihlet / hette sich nicht auff eigen
ung vnd gutdüncken / sondern auff
ttes wort gelehnet/nach demselben sich
alten/vnd nicht newe vnd schreckliche
götterey angerichtet. Hat also nicht
heilige Geist / sondern der Teuffel
n Concilio zu Wien eingeben / solchen
sbrauch des Sacraments zustifften.

Das Blutgirige vnd mörderisch Con- Constantense. Concilium.
ium zu Costnitz/mag sagen was es kan/
wirdt doch damit nicht beweiset / das
an das Sacrament anders / denn es
hristus seinen Jüngern gegebe / brau-
en solle. Das sie aber den brauch vnter
iner gestalt alleine mit einem ernsten De-
ret bestetigen / mandiren vnd mit drew-
vorten der kirchen auffdringen wollen/
aben sie freilich nicht auss Christi Geist
gethan/wie sie selbst zeugen/ Non obstante Christo, &c. mandamus.

Das wanckende Basler Concilium/
beweret nicht den widerwertigen brauch/
des Sacraments Christi befehl zuentgegen.

 Glei-

Gleicher gestalt das/ Das Alcum-
sche Concilium zu Florentz/ vñ das H
schrecken Conciliabulum zu Trient/ d
es ist nicht gnung/ das Concilium sa
sondern es muss heissen. Sic dicit DO
NVS/ Also sagt der HERR CHR
stus. Nemet hin vnd esset. Nemet hin
trincket/ Das sindt zween vnterschiedli
befehl/ einer so wol als der ander zu h
ten. Zu dem were ohne nott dieses ort
die disputation zuerregen/ wie viel vn
einer oder beider gestalt sey/ sondern
hin solt man sehen/ wie man den Leib vn
das Blutt CHRisti/ welche wir wa
hafftiglich vnd wesentlich im Sacrame
zusein gleuben/ recht nach Christi befe
ordnung vnd willen nemen/ empfah
vnd brauchen sollen. Dauon ist noch zu
zeit der streitt zwischen vns (die wir nu
stracks auff die wort CHRIsti sehen) vn
den Bäpstischen (die an jhren Concilien
non obstante Christo hangen.)

Florentinum. Tridentinum. Cōcilia.

Wir nemen aber die wort des Tri-
dentischen Concilii cap. 4. Sessionis secundæ für bekandt an/ da es also setzet. Wiewol

vnser Seligmacher inn dem letzten Decretũ Concilii Tridentini.
:ndtmal diß Sacrament in zweyẽ ge-
ten eingesatzt / vnd den Aposteln also
richet / etc. vnd fragen darauff. Wel-
r Teuffel hat denn den Bapst / dem Nota.
ncilio / oder einiger Creatur / ja auch
kirche (wiewol der waren kirche sol-
e enderung vnbillich zugemessen wirdt)
fohlen / diese einsatzung des HERRN
HRJsti zuuerendern ? Ey sagt das
oncilium weitter / Ob es CHRJstus
ol so eingesetzet / sol doch bekandt wer-
:n / es werde allein vnter einer gestalt
antzer vnd volkömlicher CHRJstus /
uch das ware Sacrament empfangen /
tc. darauff sage ich / wenn dem gleich also
vere / wie keme aber der Mensch darzu ?
Das er dieses Sacrament anders / denn
n der form vnd weise / als es Christus
hat eingesetzt zugebrauchen / sich wolt vn-
erstehen / Denn man sol nicht alleine von
diesem Sacrament recht gleuben / sondern
sein auch recht nach der ordnung / die Regula.
CHRJstus selbst gemachet / gebrauchẽ.
Was von gewonheit der Griechischen

Griechische gewonheit

Kirchen/eingefühhret wirdt ist nicht w
vns/ Zu deme gehöret sich vom Bra
der Sacramenten nicht zuurheilen n
der vernunfft / vnd derselben Argum
ten/sondern nach der ordnung vnd ein

vernunfft.

zung CHRJsti/ sol man sich hierin
halten.

Stanislaus Hosius.

Was sich der Stentzel Hose vber
liche prediger beklagt / were gnug / das
von einem finde geschehe/ Denn was h
ben dieselben Prediger vnbillichs gere
in dem das sie gesagt/man sey mehr schu
dig Christo zugleuben vnd nach zured
denn den menschen/sonderlich wenn der
selben wort anders/ denn des HERR
Christi wort lauten / Sie haben mein
bedünckens auch billicher mehr darau
gesehen/ was vns Christus in einer jede
gestalt empfahen heisset / denn darüber z
disputieren/ ob in einer jeden so viel als i
der andern/vnd in allen beiden so viel al
in einer / vnd in einer so viel als in beyden
sey/ Denn solchs hat vns Gott bey diesem
Sacrament zu spintisieren nicht befoh-
len/ sondern heissen seinem warhafftigen

wort

wort gleuben/vnd nach seinem befehl vns halten/ Sollen derwegen nicht mit gedancken nach der vernunfft fahren/ sondern im Glauben nach Gottes wort/ordnung/vnd befehl vns richten.

Das man aber der Apollinaristen jrthumb anzeucht/vnd vns Lutheraner denselben vergleichen wil/ ist eine zugenötigt Calumnia/ ohne grundt vnd Warheit.

Apollinaristæ.

Was von den wunderzeichen zuhalten/ Die sich bey der Bäpstischen Messe/vnd jhrem eingeschlossenem brott zugetragen/ ist ohne nott hie zuerzelen. Gewiss ists das viel betrug vn̄ büberey mit vntergelauffē/ vnd auch der Teuffel alle Abgötterey zubestetigen/ vnd die leut vom wort abzuführen/ mancherley wunder vnd zeichen/ nach des Apostels S. Pauli Prophecey. 2. Thess. 2. gewircket habe/ wie die erfahrung am ende offtmals bezeuget hat. Vnd im fall/das warhafftige wunder sich zugetragen/ ist es etwan/ Die vngleubigen vnd gar vnuerschampte lesterer des Sacraments zuschrecken/ geschehen/ Doch sindt der Papisten wunderwerck/ die sie

Wunderzeichen.

Papistische wunderwerck

anziehen gemeiniglich erdicht vnd erl[...]gen/ wer sich nu durch dieselbigen wil b[...]wegen lassen/ die dinge so sie ohne Gott[...] wort fürgeben/ als Glaubens Artick[...] anzunemen vnnd zuhalten/ wirdt nic[...] vnbillich betrogen/ Wir haben keinen be[...]fehl/ von den Sacramenten vnd jhren [...]brauch/ nach newen wunderzeichen zuur[...]teilen/ sondern nur auffs wort zusehen/ vnd nach demselben/ wie offt gesagt/ im Glauben der Sacrament zugebrauchen.

Vō wunder blutē

Von den dreyen Hostien zum Heiligen Berge mag ein ander halten/ was er wil/ ich weiss das es betrug ist/ vnd auch zuletzt wirdt offenbaret werden/ CHRIstus hat nicht gesagt/ das wir jhn/ sein leib oder sein Blutt/ in eines kindes/ oder fingers/ oder anderer gestalt hier auff Erden leiblichen sehen sollen/ nach seiner Himmelfart/ biss auff den tag seiner herrlichen zukunfft/ So habe ich auch wol solcher bluttigen Abgöttischen Historien gesehen/ daran die blutjge farb gar veraltet/ welchs ich vom Blutt JHEsu Christi (nulli corruptioni obnoxio) nimmermehr

mehr nicht kan/noch wil gleuben/vnd im fall das Christi fleisch vnd blut also sichtiglich zum heiligē Berge oder anders wo/ fundē were welchs doch weder war noch müglich ist/ solte mans doch nach Christi befehl essen vnd trincken/nicht in ander weise/sonderlich zur Abgötterey gebrauchen. Ist derwegē eitel Teuffels gespenst/ zauberey/verblendung vñ Bubenwerckt/ was die Bäpstische mit solchen erdichten vnd gemachten fleisch vnd blut/furwenden/dadurch sich ja kein frommer Christ vom klaren wort Gottes soll abfüren lassen.

Die zeugnis Johan Hussen/ des Rockenzans/Doctor Luthers/Philippi vnd Gastij zu ende des andern Grundts angehengt/sind gar nicht wider vns/sondern/ was sie zeugen/ sind wir sampt jhnen in angezognen sprüchen gestendig.

Wenn nu gleich aus diesem andern grunde beweiset wurde/ das in einer gestalt/ soviel als in beiden sey so erfolgete doch daraus nicht/ das es darumb gleich viel sey das Sacrament in einer oder in beider gestalt brauchen. Denn Christus lehret vns nicht allein was wir von disem seinem Sacrament gleuben sollen/ sondern stellet vns auch gewisse mass vñ ordnung/ wie wir desselben sollen gebrauchen/ darnach wir vns gentzlich zu richten vnd gar nichts/ darinnen vnsers gefallens zu endern haben.

3. Der dritte grund des Münchischen Buchs. Gewonheit.

Der dritte grund/ darauff die Bäpstischen den brauch des Sacraments in einer gestalt/ als recht vnd wol gethan setzen vnd haben/ ist die lange gewonheit wie sie fürgeben/ Nu ist gewonheit nicht Gottes wort vnd befelh vnd kan warlich damit langsam ein ding beweiset werden/ das man sagen wil/ es hat lange geweret/ ist jmmer im brauch gewesen/ darumb ists recht. Es wolte fürwar viel wunderbarlichs einfüren daraus erfolgen.

Der gebrauch in beider gestalt am eltesten.

Nu möchte sich einer nicht vnbillich verwundern/ wenn das recht sein soll/ was am lengesten gewehret hat/ warumb die Bäpstischen denn die Communion vnter beider gestalt/ nicht allein als vnnötig dem gemeinen Christlichen Leyen verbotten / sondern auch offtmals viel fromer Christen / darumb das sie das Sacrament in beider gestalt entpfangen / in Ban gethan / verfolget vnd als ketzer getödtet haben / so sie doch nicht leugnen können / sondern in dem Trientischen Concilio selbst bekennen das Christus anfenglich das Sacrament in beider gestalt zu entpfahen eingesetzt / vnd seinen Jüngern geben habe / Darzu auch im Tittel jhres dritten grundes zweifeln / wenn sich der brauch vnter der einen gestalt allein angefangen habe. Darneben aber bekennen / das sie die Communion vnter beider gestalt / je vnd allwege auch breuchlicher denn vnter einer allein gewesen / denn also lauten jhre wort. Der dritte grundt / Es haben die Communion einer gestalt / ein vralten anfang / sey (Nota / wie gewiess sie der rechnung sind) wie zuuermuten / von der Apostel zeit an / die lieben alten gereichet / vnnd denn zwischen beyder gestalt (Nota) je zu weilen als gut vnnd redtlich mit eingezogen

Ankunfft des brauchs vnter einer gestalt.

gezogen / volgents dermassen durch a[...] gestrecket letzlich biss auff vns recht v[...] löblich gelanget werden.

Drifache bekentnis der widersacher

Hier thun vns die klugen meister [...] nen grossen fordel / in dem sie selbst an[...] zeigen vnd bezeugen / vnd vns zubeweis[...] vberheben. Erstlich das die Communio[n] vnter beider gestalt wie wir die noch ha[...] ben die elteste vnd erste sey / darnach da[s] sie lange gewert / vnd letzlich / das sie di[e] gewissest sey.

Da gegen bezeugen sie das man nich[t] gewiss sey / wer den brauch der eine ge[-] stalt allein habe erstlich eingefüret / dar[-] nach das der selbige allgemach eingesch[-] lichen vndentlich zu letzt sehr vberhand genomen haben.

Weme am sicher sie zufolgen.

Hie kunde nu ein Christlichs hertz leichtlich sehen / welchem theil es beyfal[-] len solte. Denn der gewissen einsatzung Christi / das Sacrament in beider gestalt zunemen / wie das von den vier Euange[-] listen vnd Aposteln / Mattheo / Marco / Luca vnd Paulo beschriben worden / des[-] sen sich auch die ersten kirche am meisten

vnd

vnd lengsten gebraucht ist je mehr zu folgen denn dem eingefüreten missbrauch/ vnd vngewisser vermütung/ als möchte vielleicht derselbe sider der Apostel zeit her/ in der kirche gewesen sein.

Vnd gesetzt das solcher missbrauch/ vnd newe einfürung/ das Sacrament nur vnter einer gestalt zu reichen/ sind der Apostel zeit bey etlichen im brauch gewesen were/ (das doch nicht beweiset worden) solten denn nicht rechte vnd fromme Christen viel mehr bleiben bey der ersten ordnung des einsetzers vnd Testatoris/ dieses Testaments/ so man doch nicht gern den letzten willen eines menschen bricht vnd endert.

Bey welcher ordnung zu bleiben.

Zu dem ist sichs nicht zuuermuten das die Communion vnter einer gestalt alleine/ von der Apostel zeit her in der Kirche befunden/ worden/ oder balt nach der Apostel zeit angefangen haben/ den die schrifften oder Epistel S. Pauli/ welche in grossem ansehen bey der Kirchen Christi je vnd allezeit gewesen viel ein anders mit sich bringen vnd klar bezeugen/ das ohne

Der brauch vnter einer gestalt kan nicht alt sein.

Paulus.

ohne vnderscheit einiger personen/ allen Menschen so sich prüfen können / das Sacrament in beider gestalt gereichet/ vnd mit getheilet worden. So sihet mans in Justino Martire/ vnd in Cypriano Sermone 5. De lapsis. Hernach in Chrysostomo Homelia 18. in cap. 8. secundæ ad Corinthios das beyde in der Römischen vnd auch Griechischen kirchen kein ander gebrauch gewesen/ denn das Sacrament in beider gestalt zu reichen/ wie denn Chrysostomus ausdrücklich schreibet/ Das in niessung dieses Sacraments/ die Priester nicht einen vortel für dem gemeinē volck haben sollen/ wie im alten Testament/ da die Priester jhr bescheiden theil hetten/ das ander dem volck gaben/ vnd das volck von der Priester zugeeigneten theil nichts geniessen / dürffte. Nu aber sey es nicht also/ sondern da werde zu gleich einem so wol als dem andern ein Leib / vnd ein Kelch fürgesetzet

Iustinus

Cyprianus.

Chrisostomus.

Merck Meß pfaff.

Vnd daher hat auch Bapst Gelasius den Canonem gesetzt/ der zwar noch im geistlichen recht der Bäpstischen stehet/ das man das Sacrament entweder gantz

Gelasius

vnd

d vnter beider gestalt nemen/vñ empfa
n/oder es lieber gar vnter lassen solle.
Aber es ist ohne noth/solchs nach der
nge zubeweisen/das je vnd allwege bey
r Christlichen Kirchen/der gebrauch
s Sacraments vnter beider gestalt ge-
esen sey/biss das die Bäpstische Kirche
en missbrauch vnter einer gestalt anfeng
ch eingefüret/ vnd darnach vmb das
215. Jhar im Lateranensi Concilio zu
Rom als recht bestetigt/ Letzlich auch
nno 1414. zu Constnitz/mit ernstlichen
gebotten vnd bedrewungen schrecklichem
morden vnd blutuergiessen/den Kelch den
Leyen gewalsamer vnd vnrechtmessiger
weise abgedrungen/ daraus denn wol ab-
zunemen/ob diese gewonheit so gar alt
sey/vnd recht vnd löblich/biss auff nehest
verschienen zeit gelanget worden/ wie
sich die Tichter des gründlichen vermeinten berichts mit vnwarheit rhümen. Es ist je aus den Historien vnd
andern Scribenten/wie es zu jeder zeit
vmb die Communion vnter beider gestalt
gelegen gewesen/wol zusehen/Vnd mögen

gen dauon die vier Predigten Fürst Geo
gen zu Anhalt / oder ein kurtzer auszu
derselben so viel diesen punct belanget i
der 37. Predigt meiner auslegung de
Ersten Epistel an die Corinthier gele
sen werden.

Behelff des Bäpstischen aus den vetern.

Was aber nu von den Bäpstischen aus den Concilien vnd Vätern zum behelff angezogen wird / als were das Sacrament auch zeitlich in der Ersten Kirchen nur vnter einer gestalt allein gereichet worden hat keinen bestand / denn das sie fürgeben / man finde nicht das man den Wein / sondern / allein das Brot auffgehaben / schleusset nicht / das man darumb die leute nur vnter einer gestalt communicirt habe. Ist darzu eine grosse grobheit der alten Concilien vnd Väter reden / dahin deuten wollen / denn wenn sie sagen / De reposita communione oder reseruata Eucharistia pro Aegrotis, vom dem auffgehabenen vnnd behaltenem Sacrament für die Krancken / haben sie fürwar anfenglich solchs nicht von Consecrirtem Brot verstanden / Sondern / von Par-

Reseruata Eucharistia.

tikeln

kseln oder Ostien/wie mans nennet/die icht jederman baldt zur handt gehabt/ och im fall der nott allezeit zubekomen gewesen/ Derselben haben sie etlich/ob man der bedürffen würde/auffheben vnd bewaren lassen. Welchs mit dem Weine zuthun vnnötig/sintemal der jedes orts sonderlich in Morgenlendern wol zubekomen gewesen. Das aber hernach ein missbrauch darauss worden/vnd consecrirte Ostien eingeschlossen worden/ will ich nicht leugnen das es geschehen/ kan vnd wil es aber nicht loben/ Vnd zwar Origenes selbst/in Leuiticum sagt/Der HERR sagte von dem brott das er seinen Jüngern gab/ Nemet vnd essets/er hielt sie nicht damit auff/ hiess es auch nicht behalten noch auffheben/ biss auff den andern morgen/ Darauss wol abzunehmen/ Das sich allerley missbreuche entsponnen/ die doch von allen Christen nicht gebillicht werden.

Behaltung consecrirter Hostien.

Origenes.

Clemens in Epistola 2. ad Iacobum/vnd andere so von der Reuerents schreiben/ die man bey der materia so in diesem Sa-

Clemens

 cramen-

Reuerentz des Sacraments.

crament gebraucht wirdt/haben solches meines bedünckens dahin/das man zur außspendung des Leibs Christi/nicht vermodert oder sunst vngätlichs brott/im Sacrario beylegen vnnd bewaren solle. Denn solchs nicht fein noch dem Sacrament ehrlich sein würde. Item/das die vbrige partickeln so nicht consecrirt/reinlich wider auffgehaben vnd bewaret/vnd was vom consecrirten vbrig blieben/nicht leichtfertig missbraucht werden solte. Vnd das ist je vnser meinung auch/das mit allem so zů diesem Sacrament gehörig/vor/in vnd nach handelung desselben/reinlich/ernstlich vnd ordentlich ohne alle leichtfertigkeit vmbgangen werde.

Vñ im fall das Clemens sein wort/nach der Bäpstischen verstandt gemeinet/(das ich doch nicht halte/deñ auch die Griechen solche heußlin Artophoria vom Brott vnd nicht etwa vom leib des Herrn Christi genẽnet) so kündte doch das/was wider die einsatzung Christi/mit dem gesegnetẽ brott (auff ander weise deñ er verordnet vñ befohlen hat) fürgenomen wird/noch für recht erkand/gelobet/noch gebillicht/viel weniger demselben gefolget werden.

Es hat der gut Clemens bißweilē nicht gar bescheiden geredt/ Das er sich wider so jm seine wort anders deutē möchtē/ rwarct hette/ Darūb ich auch achte/ das vñ ander das wort offerre vñ oblatio nicht für ein opffer / wie mans im Baphūb erstanden/ sondern nach der gemeine bedeuttung für bringē vñ darreichē/ gebraucht habe. Oder do es bißweilen pro Holocaustis/ vñ solche opffer solt genomen werden/ müste es doch also verstandē werden/ wie sich der heilige Ireneus vber solcher rede verkleret/ lib. 4. cap. 34. wir opffern jm (verstehet Gott dē Herrn) nicht als dē der es bedürffe/ sondern darinnē dz wir jm für seine gabē dancksagē/ Itē/ Er wil das wir vnser gabe zū Altar/ offt vñ one vnterlaß bringē solln/ Der Altar aber ist im himel/ dahin sind vnser gebet vñ opffer gerichtet

Clemens Alexandrinus.

Offerre. Oblatio.

Iræneus.

Da kan ja das wort opffer nicht auff das Sacrament noch brott vnd wein gezogen werdē/ Welchs auch Christus zu opffern nicht befohlē/ sondern wird allein vñ recht verstandē/ von der dancksagūg/ so wir bey reichung dieses Sacraments/ Gotte für die vberreicheten gaben in demselben/ im glauben leisten.

Eaugrius. Nicephorus. Das zeugniss Euagrij/ lib. 4. cap.36 Ecclesi. Historiæ/ vnd Nicephori/ das ma die vberbliebenen partickel nach der handelung des Sacraments/ den Schülern vnd knaben gereichet habe zu Constantinopel/ ist wider die einschliessung des Sacraments/ vnnd kan darzu die Communion vnter einer gestalt nicht beweren. Matisconense. Concilium. Gleich wie auch nicht das Concilium Matiscenense.

Tolentanum. Concilium. Das eilffte Concilium zu Tolet gehalten/ kan nicht eigentlich auff die Bäpstische meinung erzwungen werden/ Denn viel Historien bey Vincentio vnd Beda bezeugen/ das man vmb dieselbige zeit/ den Leyen das Sacrament vnter beider gestalt gereichet hat/ vnd kan einen krancken wol als baldt/ wenn er das gesegnete brott/ den leib des HErrn empfangen/ der vnrath begegnen/ derenthalben sie das Concilium entschüldigt/ vnd folget nicht drauss/ Weil einem ein solchs widerfahren könne mit dem Brott/ das man darumb dazumal das Sacrament nur vnter einer vñ nicht beider gestalt hab gereichet.

Aber

Aber wenn gleich der missbrauch dazumal eingerissen were / kündte er doch der ordnung CHRJsti nichts benehmen / noch die auffheben.

Von dem gebrauch / das man den Christen eine geweihete Hostien mit anheim geben / die sie nach jhrer gelegenheit gebrauchet / dazu vielleicht die nott in der zeit der verfolgung / guter meinung aber ohne Gottes wort die leute verursacht / Wollen wir nichts sagen / wissen Gott lob das diss Sacrament sol offentlich inn der gemein (ausser dem fall der nott inn kranckheit vnd gefengniss / do mans dennoch gantz vnd vnzerteilet brauchen soll.) gehandelt werden / Daher es auch zum theil Communio genennet wirdt / Es ist ein missbrauch so auss schwachheit vnd vnbedacht eingerissen / dem wir nicht nachfolgen sollen / viel weniger einen andern missbrauch darauss bestetigen / wie die Bepstischen gemeiniglich in allen jren vermeinten Religions Artickeln zuthun pflegen / S. Hieronymus pro lib. 9. contra Iouinianum / kan sich selbst nicht deren

Vnbefohlener gebrauch.

Communio.

Missbreuche mit missbreuchen bestetigẽ

richten/sagt/ Ich kans nicht verwerffen vnd aber auch nicht loben. Wir sollen thun was vns CHRIstus heisset / nicht was andere etwan in der verfolgung vnd bedrangniss oder sunst gethan haben/ Verbum, non exempla sine verbo sunt imitanda / do es denn auch dazumal ist zugelassen worden / das die Leien die eine gestalt mit sich zu hauss genomen/ vnd sich selbst nach jhrer gelegenheit Communiciert haben/ worumb hat man denn hernach so grosse sünde darauss gemachet/ vnd den Leyen die finger abschneitten wollen/ wenn sie ohngefehr eine geweihete Ostien angerühret/ sind die Bapstesel nicht gar wider sich selber.

Hieronimus.

Regula.

Vntüchtiger beweiss.

Abt Rudolph / Der grosse Albertus/ vnd die Vniuersiteten Pariss/ vnd Löuen / auch die gantze samlung zu Trient sindt vns viel zuwenig vnd zu gering/ das sie vns mit jhren reimen/ schreien/ schreiben/ Propositionem. Artickeln vnd Decreten/ mehr solten gelten/ Denn des Ertzhirten Christi selbst/ stimme. Der sagt aussdrücklich/ als der Stiffter dieses Testamenstaments: Esset meinen Leib. Trincket mein Blutt. Da stehen zween außdrückliche befehl / denen ist ein jeder getauffter Christ/wes standes er auch ist zugehorsamen schuldig / Da sollen vns nu weder Bischoff noch Bader / weder Concilien noch Reichstag bereden / denn einen theil dieses Göttlichen befehlichs zuuerlassen/ oder derer thun / so jhn vnterlassen zubillichen. Summa / Hie sol vnd muss Christi einsatzung / ordnung / befehl vnd wort mehr gelten/denn aller Welt gutdüncken vnd wolmeinung / Welchs doch lange nicht Gottes wort / sondern nur menschenteidung vnd verführung ist.

Die Pariser Ehren beyde Christum vnd seine kirche in jhrem siebenden Artickel mechtig fein. In dem das sie die liebe allgemeine kirche beliegen/als hette sie jhrem Breutgam den HErrn Christo sein Testament/oder zů wenigsten die ausspendung desselben geendet/das doch nicht geschehē/Das aber die Römische abtrünnige Bäpstische kirche solchs gethan/ ist am tage/ vñ das solchs die Pariser wolgethan heissen/vnd (als habe man des gewisse vñ Parisien ses.

 gute

Christus zweyerley von Phariseern entschüldigt

gute vrsach gehabt) loben/ ist nichts anders denn CHRJsto beides schuldt ge-
ben/ das ers mit einsatzung der beider gestalt vnrecht gemachet/vnd nicht wol trof-
fen habe/ vnd darzu sehr vnbedechtig ge-
wesen/ das er der vrsachen nicht war ge-
nomen/ Darumb heut oder morgen sein
Testament vnd letzter wille/ notthalben
müste geendert werden/ Do er so mehr,
wenn er so verstendig gewesen/es baldt im
anfang bey ausspendung vnter einer gestalt hette mögen bleiben lassen. Das heisset ja CHRJstum die ewige Weisheit
redtlich zur Schule geführt.

Tridentinum. Concilium.

Das Conciliū aber zu Trient singet ein-
mal/wie das ander nach dem Geist/der es
treibet auff diese Noten/CHRJstus habe gesagt was er wolle/ so soll doch nicht
dasselbige/ sondern was wir setzen/ oder
ja das seine nicht ehe gelten/ wir sagen denn
erst ja darzu. O du Teuffliſche vnd verfluchte Hoffart/ Denn also lauten jhre
wort. Cap. 1. Sessionis 21.

Nota.

Ob gleich CHRJstus der HERR
bey seinem letzten nachtmal/diss hochwir-
dig Sa-

dig Sacrament / vnter der gestalt brotts vnd Weins eingesatzt / vnd seinen Aposteln also gereichet hat / gehet doch ein solchs einsetzen / vnd reichen nicht dohin / das alle Christgleubigen aus einsatzung Gottes / beyde gestalt zu empfahen pflichtig sein.

Hatt auch jemals ein Christ dergleichen lesterung gehöret / da man des Herrn CHRIsti Testament so vnuerschampt darff zum Adiaphoro machen / vnd die Christen von dem gehorsam / daran sie mit ausdrücklichen wortẽ / in diesem Testament gebunden werden / wider vnd one wissen vnd willen des HErrn / ledig / frey vnd los machen / Vnd noch dazu solchs mit falscher deuttung der wort / desselben HERRN beschonen wollen / (O HErr CHRIste / wie lang wiltu solchs dulden) Denn alles was sie aus dem sechsten Capittel zum behelff einführen / geschicht alles schreckhafftiger weise / wider die meinung vnd den verstandt Christi. Wie ein jeder gutthertziger Christ leichtlich kan vermercken.

Aber noch ists den Bäpstischen nich[t ge-]
nug/dem Herrn Christo sein Testam[ent zu]
meistern/vñ seine wort felschlich deut[en/]
vnterwinden sich auch vber das/ solch[es al-]
les mit offentlichen groben lügen/ vn[d]
Zauberischen Mirakeln zubeschön[en.]
Was aber dauon zuhalten/habe ich zuu[or]
angezeigt/Sage auch noch mehr das di[e-]
selben angezogen Wunderwerck / fals[che]
mirakel sindt/ denn sie gehen wider Go[t-]
tes ordnung/vñ der ersten rechten brau[ch]
des Sacraments/führen die leutte ab von
Gottes wort/ vnd haben im geringst[en]
keine eigenschafft/der Göttlichen zeich[en]
vnd wunder.

Zauberische mirakel.

Das zuletzt die newen-Meister/jhre[n]
vngrundt mit D. Luthers selbst worten
bewerten wollen/ ist ein vergebene arbeit/
Denn ob es wol war das Lutherus im anfang zu etlichen dingen/etwas linde gewe-
sen/ so ist doch die Gnade des Geists von
tag zu tag stercker vnd reicher in jhm wor-
den/ vnd hat er sich in folgenden schrifften gnungsam erkleret/ was aller Artickel
seine endtliche/ vnd in der Schrifft wol-
gegründ[e]

D. Martinus Luther.

zegründte meinung gewesen/ auss denselben solte man allegationes nemen/ Wenn man mit seinem zeugniss etwas bestetigen wolte. Thut man doch dem Augustino die gewalt nicht/ das man etwas zu bescheinen/ solche sprüche auss seinen ersten Büchern solte anziehen/ Die er doch hernach selbst/ da er besser berichtet worden retractirt hat.

Augustinus.

Also ist des Luthers rede auch zuuerstehen/ da er gesagt/ Im fall das ein Concilium die Communion zweyer gestalt wolt einsetzen/ so wolten wir keins weges dieselbig annehmen/ etc. damit zeigt er deutlich an/ das kein Concilium die macht habe/ heutte die eine/ morgen beyde gestalt/ zum anderen/ sondern es sollen die Concilia/ wenn sie recht thun wollen/ vber der Communion beyder gestalt/ wie die CHRISTVS geordnet vnnd eingesatzt halten/ vnnd nicht als denn erst den Brauch beyder gestalt für recht halten/ wenn sie denn für zugelassen/ erkennen. Das er aber weitter sagt/

Luthers wort wie gemeint.

sagt/ denn erst dem Concilio zu trutz/
eine/oder keine/vnd beyde gestalt gar ni
zugeniessen/ wenn ein Concilium als a
eigener macht beyderley gebieten wür
hat er nicht ohne vrsach geredt/ wie er s
denn selbst verkleret vnd spricht/ wir w
ten auch vber das alle die für verfluc
leutte halten/die durch eines Concilij a
thoritet bewegt/ zweyer gestalt genie
wolten/ Denn solchs hiesse die mensch
höher geachtet denn CHRIstum/ V
1 were in solchem fall/ den schwachen n
tzer vñ treglicher bey dem vorigen brau
der einen gestalt zubleiben/ biss sie besse
2. woran der mangel vnterrichtet würden
auch were es den starcken rhümlicher vn
fürtreglicher/ sich des Sacraments ga
zuenthalten/ weil sie wusten/das es wide
Gottes ordenung were/dasselbige in einer
gestalt brauchen/ vnd nicht in menschen/
Bapsts oder Concilien gewalt stünde/ jhres gefallens hierinnen enderung zuma-
chen/ Denn das sie von beyden theilen
Menschē knechte. solten/der menschen knechte werden/ vnd
des Antichrists hoffart stercken/ oder
auch

auch sunst andere ergern vnd böse Exempel geben/vnd in den jrthumb führen/ als were es nicht recht gethan/ auff JHEsu Christi ordnung vnd befehl allein/ das Sacrament in beyder gestalt empfahen/ Wo nicht auch des Bapsts vnd der Concilien verwilligung vnd nachlassung dazu keme. Dahin hat Doctor Luther in aberzeleten worten gesehen/vnd sollen wir vns derwegen/ der Lesterer falschen deuttung nicht jrre lassen machen. Es ist auch nicht seine meinung dem HErrn Christo/sondern den Antichristischen Concilium zuwider im Brauch des Sacraments zuhandeln/ So redet er auch von gutthertzigen Christen/ Die nicht anders gemeinet/es sey Christi ordnung nicht zuentgegen/ das Sacrament vnter einer gestalt alleine zunehmen/die auch nicht gerne im geringsten wider CHRistum thun wolten/ vnd nicht anders gemeinet/ wie man sie bißher vom Sacrament berichtet/ sey die warheit Christi/ vnd nu etwan eine enderung vernehmen/ derer sich ein Concilium/ nicht daher/Das es Gottes vnwan-

Welchen leutē besser das Sacramēt in einer/denn auffs Bapsts erleubūg in beider gestalt zuempfahen.

vnwandelbare ordnung / sondern
Bapsts oder der versamleten Veter v
willigung vnd nachlassung sey/anmass
denselben leuten were besser wie gedach
noch ein zeitlang lieber inn einer gesta
das Sacrament jrer einfaltigen meinu
nach zugebrauchen/ Denn vmbs Con
lij willen / die enderung fürzunehmen/
rer man doch vmb des befehls CHRI
sti willen/allein zuuor schewen getrage
Denn solche leute auch eigentlich so vi
den nutz anlanget / nicht des HERR
Christi/ sondern des Bapsts vnd Conci
Sacrament nehmen/ weil sie es nicht al
Christi Jünger auff seinem befehl/ son
dern als menschen knechte / auffs Baps
vnd Concilij nachlassung empfahen.

Luthe-rus an die Beh-men.

Das darnach Lutherus an die Behmen schreibet/ Es were fein vnter zweyen
gestalt das Sacrament niessen / Dieweil
aber Christus hierinnen zwanglich nicht
befehlen / were viel besser/ das man dem
Friede vñ der einigkeit nachkeme/die Christus freylich geboten/ Denn das man von
den gestalten des Sacraments zancken
wolte/

te/dieses kan fürwar den Bäpstischen
hrem fürhaben nichts dienstlich sein.
nn einmal beweiset vnnd erkleret sich
octor Luther/ Das die Communion
er beyder gestalt recht sey/ vnd auch
ich solt gehalten werden. Darnach
gt er/das CHRJstus keinen zum Sa-
ament zwinge/ aber er verstehet gleich-
ol darunter / das die so Christen sein
ollen/ das Sacrament (wie es wol ge-
an vnd fein ist) so sie es wie billich zu-
npfahen gedencken/ solchs als vnd an-
rs nicht / denn es Christus selbst einge-
tzt/ nehmen sollen / wenn das geschehe
nd man also bey der einmal rechtschaffen
insatzūg Christi bliebe/ dürffte es als denn
eins zanckens/ sondern man bliebe durch
solchen befohlenen gehorsam/ bey der ge-
boten einigkeit/ vnd soll man auch darüber/ welchs vnter der Communion beyder oder einer gestalt recht sey/ nicht zancken/ Disputirn vnd controuertirn/ sondern weil man eine klare/ starcke/ helle/ gewisse ausdrückliche ordnūg der einsatzung dieses Sacraments in den worten Christi bey dē Euangelisten hat/ sol man simpliciter (ex illo

Der Cōmunion halben nicht zu disputirn

expres-

expresso DEI verbo (decidirn/schliessen vnd dabey bleiben/ das die Communio vnter beyder gestalt recht vnd Göttliche wort (wie die Bäpstischen selbst nicht leugnen können) gemess/vnter einer ab allein/vnrecht vnd Christi oder einsatzung gentzlich zu wider sey/wer bey dieser d ersten einigen waren meinung vnsers s ligmacher bleibt / zancket nicht / ob gleich dem widersprecher nichts gut sei lesset / aber wer von der ersten einsatzun in einem oder mehr stücken weichet/ ande rung machet/ weit vnd dem klaren Tex widerwertige glossen suchet / der ist nich allein ein zencker / sondern auch ein leste rer vnd offentlicher feindt der Warheit.

Im beschluss des dritten vngrundts sind die meister Hemmerlinge nicht heim gewesen / inn dem das sie die Regel nicht obseruieret, plus est in conclusione quam in præmissis. Welche mannich ansehenliche argumēt zu nicht macht/Deñ also schlies sen sie/Clemens/Tertullianus/Cypria nus/Tharsitius/Basilius/Ambrosi us/Amphilochius/ vnnd etliche andere

Veter

[V]eter vnd Concilia mehr gedencken/des [B]rauchs vnter einer gestalt alleine. Dar[u]mb ist derselbige Brauch durch auss vnd [al]lezeit/in der Catholischen Kirchen inn [v]bung gewesen/vnd per Consequens/So [i]ts ein rechter brauch/vnd keins wegs zu- [v]erwerffen/Das ist die meinung der Con[cl]usion des dritten grundes / Aber doch [m]üssen sie auch wider jhren willen beken[n]en/das solche Communion nicht Catho[li]sch gewesen/ Denn was Catholisch ist/ [d]as ist der gantzen kirche Christi gemein/ [v]nd nicht etwas sonderlichs / nu sagen sie [F]ol. 72. Wir finden FAST / (das ist [s]chier/ je bisweilen/selten gnug) jede zeit BESONDERE (das ist nicht Catholische/ sondern das mehrern theil (Excipio pios Patres quorum verba in sinistram partem sæpissime in hoc negotio à Papistis rapiuntur) guter Römische Doctores vnd Concilia/in mancherley landen vnd Königreichen der Christlichen welt / die dauon meldung thun. Ja lieber meldung thun/ aber nicht alle approbirn. Aber von diesem vngrunde dissmal auch gnug.

4. Der vierde grund des mönchischen Buche. Folgt der vierde vermeinte Grun
darauff die Bäpstischen jhren gebrau
vnter der einen gestalt alleine bawen /
ist der / das sie sagen / Christus habe
der vnter einer noch beyder gestalt vnu
enderlich sein Testament zunehmen
fohlen / Ob dieses war sey / weisen die w
der Einsatzung dieses Sacraments k
auss / da je die befehl wort also lauten. N

Befehlwort bey dem Sacrament. met hin vnd esset / das ist mein Leib / e
solchs thut zu meinem gedechtnis. Nem
hin vnd trincket / Das ist mein blutt / sol
„ thut so offt jhrs Trincket zu meinem g
„ dechtniss. Hierauss kan ja auch ein ga
„ einfaltiger sehen vnnd vernehmen / w
Christus sein Sacrament zugebrauche
befohlen habe.

Aber da wollen die Gesellen hinauss
wenn sie den leuten / die einmal gewiss
Worauff die Bepstischen vmbgehen. befohlene ordnung Christi / wie man dis
Sacrament empfahen solle / zweyfelhaff
tig vnd vngewiss / oder zum Adiaphoro
vnd mitteldinge gemacht haben / das sie
als denn schliessen / Es habe die Kirche
macht / wie das Sacrament zuhandeln

vnd

vnd zunehmen/ordnung vnd mass zuse-
tzen/ vnd denn förder vnter dem Namen
der Kirchen zufahren/setzen vnd endern/
was/ wenn vnd wie sie selbst wollen.

Derwegen machen die Meister/ Des newgeboren gründtlichen berichts einen langen eingang zum vierden grunde/darinne sie die einfeltigen gern bereden wolten/sie für die rechte ware vnd älteste Catholische Kirche zuhalten/ vnd nach dem Spruch/Deut.32. bey inen was zu gleuben vnd zuthun sich zuerkünden/ Lestern vnd liegen darneben gar vnuerschampt/ als solten wir gesagt haben/ Es hetten alle Veter vnrecht gelehret/ vnd die gantze Christliche Kirche bissher geirret/ da wir doch nur angezeigt/wo es den lieben Vetern bissweilen/als die auch menschen gewesen/ auss vnwissenheit oder vnfürsichtigkeit gefeilet habe/Welchs sie zum theil selbst bekennen/ Darnach haben wir die ware Catholische Christliche Kirche/ dessen nicht beschüldigt/ das dieselbe gar geirret habe/ sondern haben solchs geredt/ vnnd sagens noch bestendiglich/ könnens auch beweisen gewaltiglich von der

Offenliche lüge der Papisten.

Welche Kirche geirret habe.

Römischen Bäpstichen kirchen / die sich im Brauch des Hochwirdigen Sacraments vnd andern stücken mehr / von der allgemeinen Kirchen Christi abgesondert / vnd ein eigen Heupt auffgeworffen / vnnd alle die demselben nicht vnterthan sein wollen / zum höchsten verfolget hat / was wir nu von solcher vnartigen Kirchen sagen vnd schreiben / kan / mag vnd sol je nicht / auff die rechte Catholische kirche verstanden werden / ist auch von vns dahin nie gemeinet.

Demnach ists auch eine vergebene arbeit / Das die newen weisen meister im eingang jhres vierden vngrundts / die zwey
1. stücke beweisen wollen / Das erstlich die heilige Kirch vnd Gesponss CHRisti / sampt jhrem thewren Glauben / in ewigkeit nicht möge vntergehen / sondern beyde Kirche vnd glaube / werden durch Göttlichen beystandt / ohne einigen mangel biss zum ende der Welt stattlichen erhalten.
2. Zum andern / das es vnmöglich vñ stracks dem willen vnd der meinung Christi zuwidder sey / Das man sagen wolt / Die

Zwo herligkeiten der warẽ kirchen.

Heilige

heilige kirche möge in Glaubens sachen [ir]ren/ vnd die armen scheflin durch eini[gen] falschen wahn / inn die verderbung [f]ühren.

Nu dieses lassen wir jhnen beides gutt [s]ein/ vñ wollens nicht verfechten/ aber was kan sie solchs helffen/ sintemal es von der Rechten waren Catholischen Kirchen/ vñ Brautt Christi/ nicht von des Bapsts beyschlefferin der Römischen Papistischen Kirchen/ von vns geredt vnd gemeinet wirdt/ vnd wir zuuor baldt im angang beweiset haben/ Das die Römische Bäpstische Kirche nicht sey die Christliche Catholische Kirche / Derhalben sie sich auch der trefflichen/ hohen/ jetzt erzeleten Herrligkeit allerbeide / nicht anmassen kan.

Bepstische kirche nicht die ware Kirche.

Es wirdt freilich des HErrn Christi Kirche bleiben biß an Jüngsten tag/ wie jhr Christus hat selbst zugesagt/ wider alles das stürmen / toben vnd wüten der Welt/ des Teuffels vnd des Bapsts/ vnd darnach mit CHRISto ewig ohne leidt/ vnuergenglicher frewde vnnd herrligkeit

Kirche bleibt vnvmbgestossen.

 theil-

theilhafftig werden. Des trösten wir vns zwar auch wider alle vnsere feinde vnd widersacher/ vnd wissen das fürwar/ ob wir gleich arme vnd schwache gliedtmass der waren Kirchen sindt / vnd die falsche kirche / vns mit grosser gewalt vnd schwinden listen / zum hefftigsten zusetzt / Das dennoch vnser grundt / welcher ist Christus mit vns/ vnd wir mit jhm wol bleiben werden/ denn sein Gebett für seine geliebte Kirche nicht wirdt vergebens sein / Disses können sich aber die verstockten Papsten/ die ein ander Heupt / darzu einen andern grundt denn Christum haben/ nicht trösten/ Denn sie haben sich nicht gehalten/ nach dem spruch Canticorum. 3. Ich halte jn/ vñ werde jn nicht von mir lassen/ Sie haben Christum vñ sein ordnung vñ einsatzũg lassen fahrẽ/ dẽ Bapst ergriffen/ an deme sie hengen/ nach hurn/ vnd alle jr thun nach seinen satzungen (vngeachtet/ dz die Göttliche schrifft nicht gemess) richtẽ.

Text der Kirche.

Der Papisten ab fall.

Die gröste menge nicht die Kirche.

Das sie meinen/ Weil jnen der gröste teil angehangen/ vñ die meisten auff jhrer seitten sein/ so müsse man sie auch für die ware kirche halten/ folget lange nicht/ deñ

nicht

nicht der grosse hauffe / sondern die dem Breutgam Christo anhengen / des stimme hören vnd folgen / sindt die Kirche.

Kirche heilig.

Das die ware vnd gantze heilige Christliche kirche nicht jrre / noch die Schefflin verführe / lassen wir auch recht sein / nach laut des Artickels. Ich gleube eine heilige Christliche kirche / Denn die Christliche Kirche ist mit jren warhafftigen gliedern / so viel den geist betrifft gantz heilig in Christo vnd von Christi wegen / aber dieselben jre gliedmass alle miteinander / so viel derer noch im fleisch leben / sind arme sünder / können jrren / feilen vnd verfüret werden / Dürffen derwegen alle stunde vnd augenblick des gebetts im Vater vnser / vergib vns vnser schuldt. Es werden jhnen aber durch das wort vnd Sacrament die sünde vergeben / vnd wenn sie auch eins feils innen werden / billichen sie denselben nicht / viel weniger verteidigen sie jre feile für recht als glaubens Artickel. Aber dieses geht die Römische Bäpstische kirche nichts an / wie vor offt gesagt / Denn sie ist nicht die rechte sondern falsche kirche / die trawen offentliche jrthumb vertedigt / vnd darzu die einfaltigen schendlich verfürt wie vnleugbar. Es

Gliedtmassen der kirche sindt arme Sünder.

Die kir-che zuhö-ren.

Es hat Christus befohlen/man soll
ne Kirche hören/ja seine Kirche / die s
vnd nicht jhr eigen wort führet/ vnd na
demselben wort/ nicht nach vernunfft v
eigenem gutdüncken / hat sie macht v
Religions sachen zuurtheilen vnnd zu
schliessen. Es kan auch die ware Kirc

Der kir-chē richt-scheit.

jhres thuns vnd wesens / das solchs m
Christi meinung durchauss vber ein stim
me / keine gewisse kundtschafft haben
denn alleine auss Gottes wort/wo sie das
nicht für sich hette/so müste sie zweiffel
Wiewol Patres, Concilia vñ Bäpst glei
verhanden sein möchten. Denn allein das
wort Gottes machet das hertze sicher vnd
gewiss.

Darzu gibt die ware Kirche/ in fürfal-
lendem zweiffel vñ streitigen glaubens sa-

Bericht der kir-chen wor auss ge-nomen.

chen / warhafftigen vnd vnfehlbaren bericht auss Gottes wort / das ist auss den
Schrifften der Propheten vnd Aposteln/
nicht auss newer vñ anderer einsprechung
des heiligen Geistes / Denn der Geist
Christi bringt nicht newe Leern/Artickel/
noch newe Sacramenta / sondern was
Chri-

Christus albereidt zwar geleret vnd beuohlen hat / dessen erinnert er vns / treibets vnd scherpffets / was dawider oder darüber anders vnnd widerwertigs fürbracht wirdt / ist gewiss nicht auss dem heiligen Geist.

Wir wollen nu hören / womit doch vnser widderpart jhren vierden grundt vermeinen zubestetigen. Erstlich sagen sie. Es sey keine vrsach / darumb vns CHristus vnser seligkeit halben / den Kelch hette wollen oder sollen befehlen.

1. CHRisti befehl in zweiuel gestellet.

Siehe nur mein fromer Christ / welche heilose leute das sein müssen / Die einen so klaren befehl. Trincket alle daraus / dürffen inn einen zweifel führen / Sprechen Christus der HERR hette solchs nicht wollen befehlen / auch dessen kein vrsach gehabt / vnd derwegen auch nicht sollen thun. Heisset denn das nicht Christum redlich bald auff einander / drey mal zu Schule führen? Solten auch wol vnuerschampter leutte auffm Erdtboden sein / denn die Jesuiter / vnd verstockten

Vnuerschampte leutte.

 Papi=

Papisten/ sampt den verzweifelten Ap-
staten vnd Mammelucken? Ich gleu-
es schwerlich: Sage derhalben erstlic
Das es Christus nicht hette wollen befe-
len/ gleicher weise sein Blutt auss de
Kelch zutrincken/ als er befohlen hat/ se-
waren Leib/ in/ vnd mit dem Brot zuesse-
so hette er der wort nicht gedürfft. Nem
hin vnd trincket alle darauss/ dieser Kelc
Aussdrückliсher befehl. ist das newe Testament in meinem blut
das für euch vergossen wirdt/ Ist das kei-
befehl/ so müste notthalben das wort
Nemet hin vnd Esset/ Das ist mein Leib/
etc. auch kein befehl sein/ vnd würde also
zuletzt CHRIstus vom Sacrament/ wie
man das brauchen solle/ nichts befohlen
haben. Wer hat verkerters wesen jemals
gehöret? Denn das diese vnsinnige menschen sagen dürffen/ wenn CHRIstus
spricht. Nemet vnd trincket/ so habe er damit gar nicht wollen befohlen haben/ das
man sein Blutt auss dem Kelche trincken
solle.

2. Darnach sage ich weitter/ wo komen

die wei-

ie weisen Meister darauff/ das sie aller-
rst / CHRIstum zur rechenschafft for-
ern/ jhnen anzuzeigen / warumb er die-
es oder ein anders habe befehlen wollen?
In vnsern Kirchen sindt wir der meinung
das vns nicht gebüren solle vnsern Herrn
Gott zufragen/ Warumb thust du das?
sondern stracks jhm zugehorsamen vnd
seinem befehl allerdinge gemess zu leben/
ob wir gleich nicht wissen können / warumb er es geheissen/ ja do es vns auch
gleich gantz vngereimet/vnd jhm selbst zuwider sein bedeuchte / so solten wir doch
wie Abraham im glauben gehorsam leisten. Aber viel grosser freuel ists / das
man den befehl Gottes lest anstehen / nur
darumb / das vns bedünckt/ es sey kein/
sonder erhebliche vrsach oder nott / darumb man jhn eben halten müste / vnnd
darüber Jhm noch vrsachen fürschla-
gen/ vnsern vngehorsam damit zurecht-
fertigen / Warumb man nemlich seinen befehl für vnnötig achte / vnd deme
nicht folge thun wolle / ja noch zur vber-
mass jhn straffen/ Das er die dinge nicht
weiss-

Gott sol mā nicht fragen/ worumb thust du das?

Abrahā.

Freuel der Bepstischen.

Nota. Grewliche sünde

weisslicher bedacht/vnd den Kelch bey
vnterlassen habe/so er doch keine gnu
sam vrsach gehabt denselben zu ge
vnd derwegen billich hette sollen anst
lassen/Merck (das sollen) wol wie es
klugen meister gebrauchen / Es sey k
vrsach / darumb vns CHRJstus
Kelch hette wollen oder sollen befeh
So so lieben Junckern / beweiset ein
Vaters art vnd tugendt/ Die Luciferi
hoffart nur redtlich wol.

Christus hette nicht sollen beide gestalt zunehmen befehlen.

Sie flicken das wörtlin hinein / v
seligkeit halben / habe CHRJstus k
redtliche vrsach gehabt / das er vns d
Kelch hette befehlen wollen / vnd soll
Nu stehet doch der befehl klar alda für
gen/ Wie die Apostel bezeugen / vnd s
gen. Desselbigen gleichen / das ist / eb
der meinung / mit gleichem ernst vnd be
fehl nam er auch den Kelch/gab jhnen d
vnd sprach / Nemet hin vnd drincket alle
drauss. Dieser befehl vom Trincken st
het ohne allen aussgang/ja so feste vnd ge
wiss/als der erste vom Essen / So ist ja
ein mal vnd allemal gewiss / Das wir bey

Desselbē gleichen.

verluſt

lust der seligkeit schüldig sindt / vnns
ch dem letzten willen vnsers HERRN
HEsu CHRJsti zuhalten / vnd seins
estaments nach seinem befehl zugebrau-
en / wie denn die Meister des subtilen
uchs selbst / fol. 115. bekennen / vnd sa-
n. Es kan vnd mag das / dieser zeit kein
ect noch Rotte / Widdersprechen das
eupstück so die Communion belanget /
y so hochwichtig vnnd vber alle mass
ofs / das vnser Seelen seeligkeit von
HRJsto selbst dran gebunden vnd ver-
rickt / wir mögen derhalben aberglau-
n vnd missbrauch dasselbige keins we-
es vmbgehen / da vns an vnser Seelen
eil vnd wolfart lieb ist / Hæc illi. Nu ists
ein aberglauben. Da mans leidt / der
ie klaren wort des HERrn dafür helt /
r habe den Kelch zutrincken nicht befoh-
en / oder je denselben vnser seligkeit hal-
en / zubefehlen keine vrsach gehabt / so
och die zwey tröstliche wort bey / vberrei-
hung des Kelchs stehen / Für euch vergossen zur vergebung der Sünden / vnd
olchs thut so offt jhrs trincket zu meinem
gedecht-

Bey verlust der seligkeit sindt wir schüldig Christo zufolgen

Aberglaube.

gedechtnis/Da in dem einen wort gedach wirdt/wo durch vns die seligkeit erworbe sey/ im andern wie wir vns derselben mi gleubigem gedechtniss/inn niessung de Bluts Christi theilhafftig machen/vn deren versichern können vnd sollen. Noc muss den Münchischen tropffen/ D HERR CHRJstus keine vrsach g habt han/vnser seligkeit halben/ vns sei Blutt auss dem Kelch zu trincken/ zub fehlen.

Vrsache der Bäpstischen/ warumb Christus den kelch nicht hette befehlē sollen.

Nu bringen sie jhre vrsachen herfür Darumb der HERR Christus vns den Kelch nicht hette befehlen sollen/ Di

1. Es sey doch inn einer gestalt so viel als in beiden

Erste ist die: Es sey ohne nott/ sintema vnter einer gestalt/so viel als vnter bey den/ Das haben sie mit jhrer Münchi schen klugheit ersehen/ das in einer jeden gestalt der gantze Christus sey/ darumb sey es gnung/ das man der einen alleine gebrauche. Jst das nicht eine feine folge Als wenn einer sagte/Es haben die Chri sten zwey Sacrament/die Tauffe vnd das Abendtmal des HERRN/ vnd wirdt in einem jeden den gleubigen/ die gantze

seligkeit

igkeit zugeeigenet vnd vbergeben / Der-
lben ist ohne not / das einer der getaufft
/ auch zum vberfluss des Sacraments
s Leibs vnd Bluts CHRJsti gebrau-
gen / denn je keine vrsach seiner seligkeit
alben jhn darzu dringt / weil er die gantz /
i der Tauffe empfangen / so möchte es
uch das ansehen haben / als zweifelte ei-
er dran / ob auch in der Tauffe vollige
ligkeit vberreichet würde. Siehe lieber
Christ solch schon ding folget aufs der
Bäpstischen Argumentation. Sie möch-
sprechen / Es hette ein ander gelegenheit
nit den beiden (oder wie sie reden allen
ieben) Sacramenten / Denn das Nacht-
nal sey / den Glauben an die empfangene
eligkeit inn der Tauffe damit zusterecken /
verordnet / (doch reden sie so rein vnd
bescheiden / von beyden Sacramenten auch nicht) so kündten wir auch
sprechen / Das CHRJSTVS
vns nicht allein seinen waren lebendigen
Leib hat zuessen geben wollen / Sondern zumehrer sterckung vnnd befesti-
gung vnsers Glaubens / hat er auch sein
heiliges

Einrede des Bäpstischen.

Regula. heiliges blut auſs dem Kelche zutrincke befohlen/ vns vnser seligkeit desser gewi ser zumachen. Aber zwar habe ich gesag das man hie nicht dauon disputieren solte ob in einer so viel sey als in beider gestalt sondern auff den befehl vnd wort Chri sol man achtung geben / vnd lauts dersel ben beyder gestalt gebrauchen.

2\. Bey einer jeden gestalt ist volkomene gnade

Darnach sagen sie. Es ist doch bey ner jeden gestalt volkomene frucht vñ m vbergebener gnade/ vñ zukünfftiger herr ligkeit/ was ists denn nott / Das so man vnter einer gestalt haben kan / zum vber fluſs auch vnter der andern zusuchen Sehet ist das nicht ein kindische nerrische ausflucht ? Weil dir CHRJstus sein gnade vnd willen/ mehr denn auff einer ley weise will bezeugen. Warumb woltest du denn nicht seinen hertzlichen befeh nach/ derselben weise wie mannigfaltig er auch dir die fürstellet gebrauchen? Heisst das nicht Gottes gunst vnd gnedige hul de/ vermessentlich vnd mutwillig verachten ?

Weitter geben sie denn für/ könne doch

des to

3 todtes Christi bey der einen gestalt 3.
lkomlich gedacht werde/ sey derwegen
ine genusam vrsach/ das Christus sei-
er gedechtnis halben vns hette den Kelch
eben/ müssen. Nu warumb hat ers denn
leichwol gethan? Darumb das er dazumal die weisen rathgeber zu München
nicht bey sich gehabt/ Wem soll man
ber nu folgen? Meinens bedünckens am
ller sichersten der Warheit selbst/ JEsu
Christo/ der da spricht/ Trincket alle dar
aus/ vnd nicht den verlognen Papisten/
die da sagen: Es ist ohne noth. Ja spre- 4.
chen sie: Es stehet nicht geschriben/ Das
ist der Kelch des newen Testaments in
meinem blut/ das für euch getruncken
wird/ zur vergebung der sünden/ Son-
dern/ das für euch vergossen wird. Derwegen ists vnser Seligkeit halben nicht
noth/ den Kelch zu trincken. Diese Bachanten solt man solcher verspottung halbē
zum wenigsten mit rutten hawen/ in dem
das sie die angehengte verheissung/ von
der krafft vnd nutz/ des vergossenen bluts
Christi nicht vnterscheiden/ von dem Be-

Gedechtnis Christi könne vol komlich bey einer gestalt alleine sein.

Mutwillige verspottūg.

selb Trincket alle draus. Item / S
that / so offt jrs trincket zu meinē ge
nis / Stehet doch bey der vberreichū
Leibs Christi auch nicht / Das ist
Leib der für euch gessen wird / vnd
noch wird er / auff den vorgehenden
fehl Christi / Nemet hin vnnd esse
diesem Sacrament mundlich gessen
genossen / vnd solchs soll in darreichu
seines bluts / Nemet hin vnd trincket
daraus / nicht gleich so wol gelten /
Sind das nicht verkerte hendel.

Klare wort Christi.

Die wort solt man recht ansehen /
würde sich der handel fein / wie er
jhm selbst ist / geben / Christus redet
le seine Christen an / vnd spricht. Nem
hin vnnd esset / das ist mein Leib / der fü
euch gegeben wird / etc. Desselbēgleichen
nimpt er auch den Kelch / gibt jhnen den
vnd spricht. Nemet hin vnnd Trinckt
alle / daraus / dieser Kelch ist das newe
Testament in meinem blut / das für euch
vergossen wird / als wolt er sagen: Für

Für euch

euch alle vergiess ich mein blut / euch zur
erlösung / Alle die nu solchs im glauben
anne-

annemen/vnd Geistlich mein fleisch vnd blut trincken / sollen auch alle mundlich im Sacrament beide meinen Leib essen/ vnd mein Blut trincken/ zu meinem gedechtnis / vnd zu sterckung solches jhres glaubens vnd Geistlicher niessung. Nu hat jha Christus sein Blut nicht alleine für die Pfaffen vnd spöttling/ sondern auch für die Leyen vergossen/ welche sich auch solcher seiner Blutuergiessung/ im glauben trösten vnd annemen/ derwegen gehet der befehl vom Kelch auch vnwidersprechlich alle Leyen an/ vnd können ohne nachtheil jhrer Seligkeit denselben vmb Menschen gebot willen nicht vnterlassen / oder vnnöttig achten.

Der Kirche befel gehet alle leyhe an.

Dürffen derhalben die vnuerschampten buben/ nicht trotzen vnd fragen (fol. 312.b.) wo stehets geschriben das einem widersacher solt vergönnet werden/ einen newen vnerhörten befehl Gottes vber alle Welt zu laden / Dessen er doch keine schriffliche vrsache vnd grund fürbringen mag? Ich habe aus Heiliger schrifft ja aus dem Munde des Sons Gottes/

Spöttische frage.

vnwiderleglich beweiset vnd dar gethan/ das ein klarer/ heller/verstendlicher befehl/ Trincket alle draus/ alda für augen stehet/ dadurch ohne einige auszug/ Allen/ für die Christus sein blut vergossen hat/ ausdrücklichen befolhen wird/ sein blut aus dem Kelch in diesem Sacrament zutrincken/ wie sie gleicher gestalt/ auff seinen befelh im Brot/ seinen Leib/ in demselben Sacrament empfahen vnnd essen.

Klarer befehl.

Das sey gesagt wider die vermeinten vrsachen/ warumb es nicht/ noth sein solle/ meniglich im Sacrament den Kelch zureichen/ Es gebüret vns hie nicht/ nach der vernunfft vrsachen zu fragen/ Da stehet der Befehl Cristi von den Aposteln beschrieben/ vnd von S. Paulo widerholet/ So können es auch die Concilia nicht leugnen/ sondern müssen wider jhren danck vnd willen bekennen/ das Christus sein hochwirdiges Sacrament/ in beider gestalt/ für seine Christen habe eingesetzt/ Warumb lassen sie es denn nicht auch dabey bleiben?

Die

Die ander Bestettigung des vierden grundes/ Ist/ das also sie sagen/ Es were vnchristlich ja Heidnisch / vnd darumb auch vnmüglich / (oder wie sie es in der Correctur verbessert) Es were ein grober freuel wider Gott/ das einer sprechen vnd gleuben wolte/ Christus die ewige weißheit hette beyde/ Priestern vnd Leyen den Kelch / mit vnuermeidlichem befehl auffgeladen. Item/ fol. 118. Man könne ohne merckliche schmehung/ Göttlicher Maiestet/ weißheit/ gütigkeit/ zusagung/ warheit vnd gerechtigkeit / solchs nicht gedencken/ schweige denn reden.

Christus von den Bäpstischen böser dinge beschuldigt.

Wolan ist das war das sie hie setzen/ so wil folgen / Wo Christus den Kelch/ ohne vnterscheit Priestern vnnd Leyen/ zu trincken befolhen/ Das er daran vnchristlich / Heidnisch vnnd vbel gethan/ seins vaters Maiestat vnd weißheit geunehret/ Seine gnade vnnd verheissung verkleinert / seine warheit vnd gerechtigkeit geschwechet habe. Nu ist vnleugbar das/ wie Christus eine gemeine Tauffe/ für alle die Kinder Gottes werden wol-

Christi gemeines Testament.

sen/eingesatzt/also hat er auch ein gemeines Testament für alle Christen verordnet / ohne vnterscheid der personen(wiewol / ohne das alle gleubigen für Gott Priester sind) vnd hat allen die diss Sacrament brauchen wollen/einem wie dem andern befolhen/ seinen Leib/in/oder mit dem Brot zu essen/vñ sein Blut aus dem Kelch zutrincken / diese ordnung vnd befehl sind für augen /vnnd können nicht gelaugnet werden/De sihe nu/in welch/ ein schwer vrtel der Herr/Christus/bey den gelarten zu München vnd Ingolstadt hie fellet / vnd wo für sie jn ausruffen? Wess sie jhn beschuldigen? Also

N. B. lieben herrn/ ehret vnsern Erlöser fein wol/ gebt jm ein guts ins gesichte/so lernet er auff ein andermal sich besser fürsehen/wenn er Sacrament ordnen wil. Nu er wird vnd soll euch dises nicht lassen gut sein/ das sollet jr erfaren/jhr schendlichen vnd Teufflische lesterer.

Sie sagen/ wir wollen aber dieses mit eines jeden gutbedüncken erhalten vnd beweisen. Ey das euch Gott straffe/ Wer

hat

at euch befolhen Glauben vnd Sacraments Artikel mit Menschlichem gut-
duncken zubeweisen / Gottes klares helles wort solt jhr bringen / oder soll euch
als den aller verzweifelsten lügenern das
geringste nicht soll gegleubt werden.

Beweis mit der vernunfft.

Was sie gut dünckt / soll alles die liebe Kirche gesatzt vnnd gethan haben /
die doch zur vnbilligkeit mit solcher falsche aufflage beschweret wird. Aber sihe
nur wunder / wie seltzam vnd vngeschi-
ckt sie jhre treume zusamen flicken. Sie
sagen die Kirche / kan nicht jrren. Nu ist
in der Kirchen das Sacrament so lange
zeit / nur vnter einer gestalt gebraucht
worden / Darumb folget das es Christus
nicht müsse vnuerenderlicher weise in bei
der gestalt zunemen befolhen haben. Ist
das nicht fein geschlossen / diese oder jene ordnung wird nicht in allen stücken
gehalten / darumb wird sie nicht in allen
stücken zuhalten / befolhen sein. Lieber
hats auch Narren / vnter den hochgelarte
im Bapstumb / die Römisch Kirche reicht
das Sacrament nur in einer gestalt / dar-

Bäpstische argumentation

rumb hat es Christus nicht befohlen beider gestalt zugeben/ Es ist meinli Christ/ein grosser vnterscheidt zwis der waren/einigẽ/Catholischẽ/allge nen/Christlichen Kirchen vnnd der schen / Abtrünnigen/ Bäpstischen/ christischen Kirchen/vnd kan das je so diese/des Bapsts Kirche thut/mit nem fug/der allgemeinen Christlic Kirchen zugemessen werden.

Brauch der einen gestalt nicht alt.

So gebe ich gar nicht zu / das brauch vnter einer gestalt alle zeit solt/ der der Apostel zeit/ üblich gewesen s denn das können die Böpstischen ni beweisen / Was sie gleich droben im a dern Grund/von etlichen missbreuche anzihen/ Vnd im fall das er gleich lan gewehret hette / so ist er doch nicht wie d Meister des Buchs liegen / die funffz hen hundert jar lang/ bisshieher allema für recht erkant/ vnd genugsam gegleub worden / Denn die Papisten je selbst be kennen müssen/ das der brauch vnter be der gestalt / für vnd für am gemeinesten durch die gantze Christenheit geblieben/

Bekẽtnis der Papisten.

biss

weiss das die Römische Bäpste vnd Concilia/mit freuentlicher gewalt denselben abzuschaffen sich vnterstanden/vnd solt in vierzehen hundert jaren/ den missbrauch des Sacramens vnter beider gestalt/ niemand widersprochen haben/ist vnmüglich/denn die bey der beiden gestalt blieben/ haben mit der that offentlich bezeuget/das sie der andern newerung nicht für recht erkennet/ noch der selben fogen kondten. So ist das Decretum Gelasii, De Consecratione. Distinct. 2. Comperimus, vnd der Bann Leonis Papæ Sermo. Quadrigesimali 4. verhanden. Wider die so nur vnter einer gestalt das Sacrament namen/ darzu können die Bäpstischen heutigs tags noch nicht vergessen/Des Johanni Hussen/vnd anderer derselben zeit rechtschaffen Theologen/widersprechung / so sie dem Papistischen missbrauch zu wider gethan/vnd schreiben gleichwol/man könne jhnen nicht einen einigen Menschen nennen/der inwendig vierzehenhundert Jaren / den brauch vnter einer gestalt alleine hette angesehen. Taub/toll/

Werdem missbrauch widersprochen.

Gelasius.

Leo.

Johan. Huss.

vnd thöricht müssen sie sein/oder Johan Hussen vnnd andere nicht für menschen/ sondern schlecht für Gensen achten.

Die sache in zweifel gestellet.

Damit sie aber die losen leute/ nicht darfür angesehen werden möchten / als hetten sie / mit jhrer Kelchdieberey vnrecht gethan/ so setzen sie die gantze sache in zweifel / vnd schliessen also. Entweder Christus muss den Kelch den Leyen zureichen / nie befolhen haben/ Oder do er jhn den selben zureichen befolhen hette/ würde er seiner grundlosen güttigkeit nach/ seine Kirche wenn sie mit vnterlassung oder einstellung des Kelchs vnrecht gethan hette/ desselben erinnert vnd von solchem jrthumb abzustehen/ vermanet haben.

Christus mus abermal herhalten.

Wolan / hie mus der fromme Christus entweder nicht geredt / gethan noch befolhen haben / das doch vier Euangelisten vnd Apostеln von jhm zeugen vnd schreiben / diss alles muss nichts oder je nicht also gemeinet sein / oder die Aposteln vnd Euangelisten mussen mit vnwarheit berichten / oder Christus muss

vnrecht

:cht sein/er habe es befolhen oder nicht Da ligts
·hlen/ das nur allein die fromen kin=
des Römischen Anthichrist verwan=
/recht vnd den Namen behalten/ das
nie vnrecht gethan Wenn sie auch
.ch alle Gottes ordnung verkereten/
muss es dennoch heissen/ Es ist nicht
recht/denn die Kirche kan nicht jrren/
hristus lesset sie nicht so grob feilen.

Das aber Christus den Kelch allen
ubigen zunemen / vnd sein Blut da=
us zutrincken befolhen habe/ ist gewiss
und nach der lenge hiebeuor beweiset
und aussgefüret. Darüber die Bäpsti=
hen zum ersten mal zu Lugenern ge=
acht. Darnach bekennen sie vnser wi=
ersacher selbst/das sie wider solche ord=
ung vnnd die erste einsatzung Christi
chandelt vnnd den Kelch eingestellet
aben/ bekennen damit das sie enderung Die en=
m Brauch des Sacraments/wider des derung/
HERRN CHRISTI wort woher.
vnnd befehl eingeführt haben / vnd das
ehmen wir für bekandt an / allein das
sie

sie solchs der gantzen allgemeinen Ch-
lichen kirchē zuschreiben wollen/ ge-
wir jnen gar keines weges nicht/ denn
rechte ware kirche/ endirt in jhres H-
vnd Breutgams ordnung/ auch das
ringste nicht.

Der mis brauch alle zeit angefochten worden.

Das aber sie/ die Bäpstische Ki-
nicht solte erinnert sein worden / d-
missbrauchs vnd jthumbs/ werden si-
wisslich nicht leugnen können/ Den-
ist je vnd allwegen/ wo nicht mit wo-
vnnd schrifften / doch in der that wi-
sprochen/ vnd widerfochten worden/ (w-
vor gedacht) das die zerreissung des
mal von CHRIsto selbst eingese-
brauchs/ in diesem Sacrament / n-
recht were / Aber was haben solchs
Romanisten geachtet/ wer jhnen im
ringsten widersprochen/ hat müssen
Ketzer sein/ haben derhalben nicht ge-
net / das der Heilige Geist sie jhres
thumbs erinnerte/ wenn sie von denen
in einem oder mehr stücken/ jr abgött-
nicht loben wolten/ zur busse vñ besseru-
vermanet worden.

Verachtūge brislicher erinnerung.

S

Sie haltens darfür/ wenn sie geirret
tten / so würde der Heilige Geist / je
rch iemandts ihres theils/ sie dessen er-
nert haben. Nu ist es fürwar gesche-
n / das gar viel Mönch vnd Pfaffen/
ch andere Personen im Bapstumb/
rch den Geist Gottes getrieben/ diesen
humb vom Sacrament vñ andere Bäp
sche grewel zum hefftigsten schrifftlich
er mündlich angriffen vnd widerspro-
en haben. Wie in dem Cathalogo testi-
n veritatis zusehen. Was hat es aber bey
n verkerten leuten geholffen? Sie ha-
n die fromme Gottes menner durch die
e / der heilige Geist jrer jrthumb erin-
rt / gehasset / vnterdruckt / veriagt vnd
etodtet / vñ sich jrer erinnerũg gar nicht
ebessert/ Was solte denn der Geist Chri
i mehr thun? das sie seiner erinnerung
ey dem Bapst/ vnd desselben zugeschwo-
enen Bischoffen/ Cardinelen/ vnd Con-
ilien / gewarten wollen / ist vergebens
ing / denn was solte der Heilige Geist/
ey dem Geist des Widerchrists suchen/
a man stracks fürsetzlich wider die ordnung

Cathalogus testium veritatis.

nung CHRJsti lehret vnd handelt/ klaren worten/ Mandamus non obs Christo/ wir wollens also haben. was Christus gesagt oder geordnet Ja trawen solche verzweifelte Ertz wichte/ solten ja den Geist Gottes ha er solte sich auch je gerne bey jhn fi lassen/ ja jhr Vater der Teuffel inn Helle/ wie zwar alle jhre Lügenh lehre/ vnd mördtliche wercke ausow

Geist der Bepstis schen.

Damit man aber sehen vnd grei möge/ das nicht Christus das Sa ment in einerley gestalt allein zugebr chen befohlen habe/ (darauss denn vn dersprechlich folget/ das ers inn be zunehmen eingesatzt) fallen die mens lichen Esel mit der thür gar ins hau vnd sagen/ die Communion sey ein Adi phoron/ stehe frey inn einer oder zwe gestalt zugebrauchen/ vnd habe die Ki che auss fürfallender not hierinnen/ w sie es für das beste erkandt/ ordnung z machen/ vollmacht gehabt.

Sacrament zu Adiapho ro gemacher.

Do hat ein jeder fromer Christ abr mal zubedencken/ ob es nicht billicher s

das

das man bey der ersten einsatzung vnnd ordnung Christi / dauon man klaren befehl vnd helles wort Gottes hatt / bleibe. Denn das man derselben zuentkegen one ja stracks wider das offenbarete wort Gottes / solchen leuten folge / die in viel mehr Artickeln / von dem HErrn Christo gewichen sindt / vnd darzu in demselben allen die liebe Braut Christi / als were es derselben getrieb / mit lügen beschüldigen / Denn die Christliche Kirche hat nichts im Brauch / des Sacraments Christi geendert / aber der Teuffel vnd sein Erstgeborner / der Bapst vnd Antichrist zu Rom habe es gethan.

Falsche beschüldigung der Kirchen.

Nu sehe aber einer wunder / die Magistri, nostri / vnterwinden sich drey stücke allhie zubeweisen / Erstlich das die kirche vrsach gehabt / den brauch des Sacraments in beyder gestalt zuendern / vnd den Kelch den Leyen zuuerbieten / Darnach das sie solchs zuthun auch macht gehabt / Letzlich daran auch recht gethan.

Dreifache vermessenheit.

1.

Das Erste nehmen wir abermal zum

vber=

1\. Ob die kirche vrsach gehabt den brauch einer gestalt zu ordnen.

vberfluss bekand an/das die Römisch Bäpstische Kirche (die Catholische weis hie von nichts) wider des Herr Christi ordnung vñ einsatzung den gemeinē Christen den Kelch eingestellet/das ist dieblicher/verrechtlicher weise entzogen/gestolen vnd geraubt haben/Die vrsachen so sie darzu vermeint zu haben/soll diese sein.

1\. Der Behem lehre.

Erstlich/so haben die Behemen den gemeinen mann vberreden wollen/das ein Leye so wol als ein Priester/wenn er diss Sacrament empfahen wolte/dasselbige in zweyer gestalt vñ anders nicht/bey verlust seiner seligkeit nemen müste. Item/das vnter einer gestalt/nicht souiel als vnter beiden were. Item/das der brauch vnter einer gestalt/allein Gottloss vnd Christi befehl zuwider sey. Item das die so auff die eine gestalt alleine so hart gedrungen/sich vnd andere in ewigen schaden füreten/darumb hette die Römische Kirche/müssen den Leyen den Kelch entziehen.

Nu müsset jhr abermal danck haben/jhr Kelch diebe/das jhr euch vnd ewre ver

meinte

reinte kirch/ nicht alleine zum Kelchrau- e bekennet / sondern auch vngeachtet/ Das jr zuuor die leut habt vberreden wol- len / die Communion vnter einer gestalt alleine / habe bey funfftzehenhundert Ja- ren geweret/ nu frey selbst bekennet/ es sey dieselbe nur ohngefehr für anderthalb- hundert Jaren/ vmb der Behmen willen/ notthalben für die handt genohmen/ damit nicht durch jtztgedachte der Behmen Leh- re/ das volck verführet würde.

Bekentnis der Bäpstischen wider sich selbst.

Nu wolt ich gerne wissen/ womit vnd wie jhr aus Gottes wort/ Der Behmen Artickel wolt vmbstossen/ denn wie sie die- selben gelehret vnd gemeinet / kan ich sie nicht tadeln noch verwerffen. Lasset aber hören/ worumb es euch vnd ewer Kirchen zuthun gewesen.

Es hetten viel fromer hertzen/ wo man den Brauch / vnter beyder gestalt nachge- lassen hette/ dencken mögen/ was sie vor- hin von dem verstumleten gebrauch ge- halten/ were ein vnrechter wahn gewe- sen/ vnd hetten derhalben bißher der Rö- mischen Kirchen vnbillich darinnen ge-

Waran es dē Papisten gelegen.

 horsam

horsam geleistet. Nu ist es dennoch war/
Das derselbige wahn/als were die Com
munion vnter einer gestalt alleine/ recht
ein jrthumb ist/ vnd billich solt erkant
vnd dauon abgelassen werden/ Vnd da
Vnrhüm licher ge horsam. auch der gehorsam weder zuloben noc
zubillichen/ da man der Römischen ki
chen mehr folget/ denn dem Heupt d
rechten kirchen JHEsu Christo selb
Weren nu die newen weisen meister/rec
te redtliche Lerer/so solten sie den Gemei
Nota. nen Christen/ durch solche der Behmen
vnd anderer rechtschaffener leute predig
den weg zur Busse vnnd besserung nich
vergönnen/ viel weniger verstopffen.

Ja (sagen sie) Es weren gleichwol d
Behmen gestercket worden inn jhrer mei
nung/ vnd die Römische kirche in ver
dacht vnd ins geschrey komen/ als het
sie geirret/ Wenn sie nu allererst hette
Mutwil len der Bepsti schen. die beyde gestalt frey gelassen. Lieber ist
war? ligt da der Hundt begraben? Wa
euch geliebt vnd gelüstet/ wollet jhr wide
vnd ohne Gottes wort setzen/ thun/ vn
ordnen/ vnd darnach nicht vnrecht ge
than haben/ vnd ehe ein ding widder solt

zurecl

zurecht gebracht werden / ehe dasselbige mit Decreten vnd Edicten / wehren vnd hindern. Heisset aber das Gottes ehre gesuchet / vnd vber Christi wort vnd ordnung gehalten? Dieweil der Behmen meinung mit CHRIsti wort vnd einsatzung vberein stimmete / wie jr nicht leugnen könnet / so soltet jhr billich / sie in derselben meinung / mit widerruffung vnd wider darstellung / Des abgebrachten Kelchs gestercket / vnd sie vmb Christlicher meinung willen nicht verdampt / vnd solchs blutuergiessen / so darauff erfolget / gestifftet haben. Vnd da jhr gehöret / Das ewre Kirche mit einstellung des Kelchs geirret hette / vnd des vberweiset waret / mit dem offentlichen befehl vnd ordnung Christi / so sollet jr nicht mit gewalt euch den jrthumb zuuerteidigen vnterstanden / sondern demütiglich widerumb / zu dem ersten vnd einigen rechten brauch dieses Sacraments gekeret haben.

Aber darumb ists dem Bapst vnd seinē Concilio zuthun gewesen / Das sie den namen vnd das ansehen behalten möchtē / als hetten sie nicht mit dem Kelchverbot /

sondern Christus mit befehl desselben
recht gethan.

Panormitanus

Panormitanus hat gesagt / wenn a
ein einzeln person / ich setze ein Leye G
tes wort in Religions sachen für sich h
so solle man jhm mehr gleuben / denn
nem gantzen Concilio / so etwas schleu
ohne grundt Göttliches worts / also so
man zur zeit des Costnitzer Concili
nicht auff die Personen gesehen haben / d
von rechtem gebrauch des Sacrament
geredt / ob es Behmen oder Deudtsch
gewesen / sondern auff das wort das sie g
redet / ob dasselbige inn der Schrifft g
gründet oder nicht. Aber Tyrannisch
Regiment ist auff Erden nicht funden / al
des Bapsts / Da gilt weder Gottes wort
noch ordnung / sondern wie es jhm gefell
vnd seinen schupen / also muss es recht
sein / kurtzumb das vnd kein anders.

Tyrannisch Regiment des bapsts.

Die gute Orientische Kirche muss
auch den namen führen / als habe sie ni
den Kelchraub angefochten / Nu hat si
mit der that vnd im werck / da sie den ge
brauch in beyder gestalt / fest vnd besten
dig erhalten gnungsam bezeuget / das sie

Ecclesia Orientalis.

die

die Kelchdieberey in der Römischen Kirchen nie gebillicht/ Vnd hat auch mit offentlicher Segregation von derselben/ solchen missbrauch widersprochen/ One was viel fromer leute/ schrifftlich vnnd mündtlich dawider protestiret/ vnd einen solchen Hass bey der Römischen Kirchen/ damit verursacht/das man die Orientischen Christen stracks für Ketzer geachtet vnd gehalten.

Treumüg der kirchen.

Sie wollen die leutte vberreden/ das Sacrament vnter einer gestalt alleine nemen/ sey nicht wider Gott/ Nu müssen sie ja gestehen/ das CHRIstus IHEsus der es inn beyder gestalt/zubrauchen eingesetzt vnd befohlen hat/ Warer/Allmechtiger Gott sey/ wie ists denn nicht wider Gott/ wenn man das Sacrament anders/ denn es Christus befohlen hat/ handelt vnd gebrauche? Vnd hat die Kirche keine macht hierinne andere ordnung/ denn der HERR selbst gemachet/ zugeben. Es kan auch keine vrsach so gross sein/ Das man dem HERRN Christo/darumb sein Testamente solte zerreissen/ vnd desselben brauch endern.

Ob der Brauch vnter einer gestalt wider Gott sey.

Regula.

Lausige vrsachen. War ists / es werden im Buch viel aber sehr kindische vrsachen erzelet / darumb man den Leyen den Kelch nicht reichen solle / aber keine ist gnungsam / das man derenhalben / die geringste enderung dieses allerheiligsten Testaments solte fürnehmen.

2. Etliche leut trincken keinen wein. Einmal sagen sie / Es sindt viel leute die können keinen Wein trincken / noch zu sich nehmen / folget aber nicht fein drauss / Darumb soll man allen Leyen den Kelch entziehen / Das hat CHRistus nicht bedacht.

3. In vielen landen hat man keinen Wein. Darnach wenden sie für. Es sindt viel lande / darinnen gar kein Wein wechset / gerade als kündte man jn von andern landen nicht hinein bringen / oder müsten derselben die lande da wein verhanden entgelten.

Ja (sprechen sie) solt man gleichwol die so keinen Wein trincken / oder denselben nicht haben können / zum Kelche zwingen / Das wolte jnen schwer werden / vnd würde also des HERRN CHRisti Joch nicht süsse noch leichte sein / Also fein förmlich können diese leute vom Sa-

rament reden / das sie es ein Joch nen- Sacrament ein Joch bey dē Bepstischen.
n / vñ eine Last / wie sie zuuor gesagt / es were vnchristlich vnd Heidnisch / weñ er HErr Christus Priester vnd Leyen zugleich den Kelch auffgeladen hett. Ja wol mag es den armen gewissen im Bapsthumb ein schwer Joch gewesen sein / was man jhnen vom Sacrament / das doch Gott zu erquickung vnd Labsal gegeben / vorgehalten hat.

Förder klagen sie von viel vnrichtigkeitten / die sich bey dem Kelche zutragen möchten / Darumb er billich hinderhalten werde / Aber vnrichtigkeitten sol man verhüten / nicht vmb fahr derselben Christi ordnung inn gemein abschaffen / Bey der Tauffe möchte man auch fürgebē / Es sey fehrlich Wasser / vber die Kindlin giessen möchtē erschreckē / in die schwere not fallē / etc. Darūb mans bey den worten der tauffe bleibē / vñ das wasser vnterwegen lassen kündte. Were das nicht ein feiner handel? vñ wol geklügelt? Sie ziehen S. Chrysostomum zum behelff an / das er gesagt / Er wolt lieber sein eigen blut vergiessen / Deñ das Heilige Sarament vnwirdiglichen

4. Vnrichtigkeit bey dem Kelch.

Simile

Chrysostomus.

reichen/ Was thut aber das hie zu? W
beweiset solcher spruch den Päpstisch
Kelchraub? Nichts. So mag auch n
chts auss S. Pauli befehl zu beschönun
dieses missbrauchs erweiset werden/
er die Corinther ermanet/ das sie d
Hochwirdige Sacrament mit billich
Reuerentz handeln sollen/ Denn eben da
umb das man den Kelch brauchet/ ist di
vermanung/ so viel dester nötiger/ vnd
das vnser meinung auch/ das man m
aller Reuerentz vnd fürsichtigkeit/ dies
Hochwirdige Sacrament handeln vnd
brauchen solle: Ob aber das Sacrament
damit geehret wirdt/ da man einen theil
dem gemeinen Christen entzeucht/ stell
ich fromen hertzen anheim zubedencken.

S. Pauli befehl.

Zu dem bringen sie ein wunder wich
tige vrsach herfür/ darumb der Kelch bil
lich eingestellet/ vnd den Leien entzogen
werde/ nemlich diese/ Es möchte der con
secrirte Wein/ den man für die francken
auffheben vnd beyseits setzen würde/ sau
vnd zu Essig werden oder gefrieren. Hie
muss ich die weisen meister eins fragen/
wenn

5. Vberblieben wein

denn der Wein im Sacrament inn die substantz des Bluts Christi verwandelt wirdt/ wie sie von einer solchen transsubstantiation reden/ also das darnach nicht mehr die substantz des Weins da bleibt/ Wie kampts denn das solchs Blut zu essig wirdt? oder weil es doch ein lebendigs Blut CHRIsti sein sol/ wenn mans im Winter bey seit setzet vnd einsperret/ gerieren mag? Gott verzeihe mir das ich jhrer Fantasey also dieses orts gedencke/ Ich werde aber schier vber jhrem schendtlichen thun zuletzt auch vngedültig/ vnd möchte wol sagen/ welcher Teuffel jhnen das gesegnete Brott vnd Wein auffzuheben/ beyzusetzen/ vnd einzusperren befohlen habe/ Der Buchstabe des Testaments CHRIsti vermag je solchs nicht/ vnd ist auch gar nicht seine meinung gewesen/ also damit vmbzugehen. Frage.

Will man den krancken das Sacrament reichen/ auff jhr begeren/ wie billich/ so kan man allemal Brott vnd Wein darzu in jhren Heusern (das ich nach gemeinem brauch dauon rede) consecrirn/ Commu nion der krancken oder segenen/vñ die wort des Testamen in jhre gegenwertigkeit/darüber verstend lich sprechen vnd lesen / Damit sie wisse vnd erinnert werden mögen/ was man jh nen reiche vnd gebe.

Sacrament weder an zeit noch steite gebunden.

Das die Bäpstischen solchen vnse brauch spotten vnd verlestern/ können wi jhnen nicht wehren/ wissen aber gar we Das Christus mit seinen Sacrament vnd krafft des worts/ an keine steinen ki chē allein/noch an Pfingstē oder Oster freitag oder Sontag gebunden sey / darff man das Sacrament inn heusern / dem krancken für dem Bette reichen / so darf mans auch daselbs consecriren/ Das abe die Papistē fürchten/ solchs würde zu ab bruch des Procesß/ Fronleichnams Fe

Nota.

vnd Sacramentheußlin gereichen/ jrre nicht/ vñ were gut/das dieselben dinge ni cht alleine verachtet/ sondern gar abge schaffet würden/denn sie Gott ja so wenig als das einschliessen vnnd anbeten des Brotts befohlen hat / vnd darzu eitel Ab götterey / vnd Aberglaube / dadurch ver ursacht wirdt.

Gar

Gar kindisch ists das sie fürwenden/ möchten etliche vnter den Leyen zu bescheiden sein vnd gar außtrincken/ d darüber des consecrirten Weins/ für Communicanten zu wenig sein/ Darmb besser jhnen den Kelch gar entzogen/ erade als fündte man nicht wider / vnd offt biß es gnung für alle Communinten were/ consecriren. 6. Vngeschickliheit.

Auß diesen vrsachen schliessen sie/ nit be Christus der kirchen die macht heimstellet/ im Brauch des Sacraments jhs gefallens zu ordnen vnd zuendern/ wie e das am besten erkennen würde/ Das ist it züchten erstuncken vnd erlogen / vnd icht ein einiges wort war dran / sie werns auch inn alle Ewigkeit mit keinem pruche der Schrifft beweisen / noch war nachen können / CHRISTVS at sein Testament selbst gemacht vnnd geordnet/ nach seiner Göttlichen Weißheit/ ist auch darauff gestorben/ Darumb soll es die Kirche bey seinem letzten willen bleiben lassen / vnd jhm daran wider wort noch brauch endern/ die liebe kirche Offentliche lügen.

thuts auch nicht / aber die Babylon Hure stecket voller fürwitz.

7. Propha nationes

Es erzelen die Meister etliche pro nationes / so sich inn Behmen etwa dem Sacrament haben zugetragen / der AEneas Syluius beschrieben. Aber gehen vns dieselben an? Wir loben teidigen / noch entschüldigen keinen brauch / leichtfertigkeit / noch vnrich keit / bey diesem aller hochwirdigsten cramment / Des jammerlichen Blut giessens / so sich vber dem Hussisch Kreige zugetragen / ist niemandt denn Bapst vnd sein anhang / vrsach gewe

Ob die Kirche in Sacramenten zuendern macht vñ gewalt habe.

Nach dem die Meister Hemmerl sich lassen düncken / sie haben vrsach g vermeldet / warumb ohngefehr der K den Leyen wol habe mögen entzogen w den / sage jhnen jhr eigen gewissen / sey nicht gnung vermeinte vrsachen z enderung zuhaben / man müsse auch derung fürzunehmen gewalt vnd ma fug vnd recht haben / Derwegen tret sie nu allzusamen an die grosse Glock vnd wollen beweisen / Das die Kir

vo

le macht gehabt/den Kelch abzuschaf-
/Womit beweisen sie es denn? mit heili-
Schrifft? O Nein/ Die ist gantz vnd
r nicht auff jhrer seitten/Womit denn?
irgendt mit/ Es ist jhnen gleich gnung
s sie es sagen/Sie wolten wol gern et-
che sprüche der Veter zum behelff für-
enden/ aber es wil keiner zu jhrem han-
l dienen. Vnd wie kemen die lieben Ve-
r auch darzu / das sie solche offentliche
gen solten bestetigen helffen.

Der spruch Augustini ad Ianuarium
o. 1. cap. 6. oder Epistola 118. also lau- Augustinus.
ndt DOMInus non præcepit quo ordine
œna sumeretur, vt Apostolis per quos Ec-
lesias dispositurus erat, seruaret hunc lo-
um / wirdt von den Papisten mit gewalt
ur beschönung jhres Kelchraubs hieher gezogen. Denn der liebe Man da nicht redet von der materia / noch vom
Brauch des Sacraments / was vnd wie
mans nehmen solle / sondern antwortet
auff die frage / ob es notwendig sey / das
man das Sacrament auff eine gewisse
zeit des tages nehme / vnd ob man auch
recht

recht thue / das mans frue nüchtern pfahe / so es doch die Jünger / das erst auff den Abendt nach gehaltener ma empfangen haben / darauff sagt er, CHRIstus dauon / was die zeit bela nichts außdrücklichs befohlen / son den Aposteln / wie es die hiemit nach g genheit der gemeinen ordnen würde h gestellet haben / sagt aber wo hie von HErr einen gewissen befehl geben he würde man auch ohne enderung hal müssen dabey bleiben / Wie er dem a fünfften Capitel zuuor außdrück schreibt / das man im brauch des Sacr ments / stracks der heiligen schrifft / w vns die fürschreibt folgen solle / vnd si dieses seine wort / Ad hæc itaq; ita respo deo, vt quid horum sit faciendum, si diui scripturæ, præscribit auteritas, non sit dub tandum: quin ita facere debeamus vt leg mus: vt iam non quomodo faciendum, se quomodo Sacramentum intelligendum si disputemus. Hie wirdt der Kirche die ge ringste gewalt nicht zugeeignet / etwas an den Substantialibus des Sacraments zu ern/ zumehren oder einzustellen/ son- ... sich da stracks nach dem Buchsta- zuuerhalten/ Ob sie wol sunst gute ordnung/ so fern die nicht wider Gottes wort sindt anzustellen/ macht hat/ wie ... in darinnen geschehen/ Das man zu gewissen tagen vnd stunden/ vnd an verordneten orten dieses Sacrament zuempfahen zusammen kome/ etc.

Was die Kirche zu ordnen habe.

Cyprianus in Sermone de ablutione pedum/ ist mehr für vns/ denn für die Papisten. Denn also sagt er/ Ipse summus sacerdos solus est Sacramenti institutor & autor ... Cæteris homines Spiritum Sanctum habuere doctorem. Das ist also viel gesagt/ Christus der öberst vnd Hohe Priester/ ist seines Sacraments selbst ein einsetzer vnd anfaher/ (billich wirdt jhm auch allein hierinnen gefolget) inn andern dingen haben die menschen den heiligen Geist gehabt zu einem Lehrer/ vnnd meinet durch die Menschen des orts/ die heiligen Apostoln vnnd nicht inn gemein alle menschen/ wie er sich denn baldt darauff erkleret mit diesen worten. Es hat nicht weniger

Cyprianus.

Autoritas Apostolorũ.

weniger krafft / was die Apostelн au[s]
eingebung des heiligen Geists verordn[et]
als was Christus selbst geordnet / vnd z[u]
seinem gedechtniss zuthun geboten h[at]
Nu haben ja die Apostelн an dem Testament des HERRN Christi / vnd desselben brauch nichts geendert / vnd da sie es
hetten thun wollen / hetten sie es doch keine macht gehabt / wie die wort Cyprian[i]
klar mit sich bringen / viel weniger h[at]
solchs der Bapst vnd das Concilium macht / vnd do sie gleich den heiligen Geist
hetten zum Leremeister / daran doch noch
viel feilet / hetten sie doch nur alleine / In
In cæteris. cœteris / in andern dingen / nicht an vn[d]
mit dem Sacrament / ordnung vnd mas[s]
zugeben / sich vnterwinden mögen / Sich[e]
nu / wie fein Cyprianus die angemass[te]
Kirchengewalt den Kelch zuuerbieten be-
stetige. Ich halt das die narren nicht bey
sich selbst gewesen / das sie diesen spruch
der doch stracks wider sie ist / haben alle-
gieren dörffen.

Telesphorus. Was der Römische Bischoff Telesphorus / bey der handlung des Sacra-

ments

aments. Die zeit vnd Ceremonien be-
ngendt/ geordnet/ lassen wir in seinem
erdt bleiben. Die Substantialia vnd den
rauch vnter beyder gestalt/ hat er ja nicht
ndern können noch sollen.

Ists aber nicht ein seltzam ding / die
ewen Meister zeugen selbst fol. 136. die
irche habe nicht weitter gewalt / denn al-
eine in solchen ordnungen / die auff eine
eit gesetzet/ vnd nicht an stettwerenden ge-
rauch gebunden sein. Nu ist aber das
Sacrament des HERRN CHRJsti
also geordnet/ Das man seinen Leib im
Brott essen/ vnd sein blut im Wein trincken solle/ vnd also seiner gedencken / vnd
seinen todt verkündigen für vnd für/ biss
er kome / das ist biss an Jüngsten tag/
1. Corinth. 11. Wie kumpt denn die vermeinte Bäpstische kirche/ auff den vnsin/
Das sie sich an solcher stettwerenden befohlenen ordnunge CHRisti vergreiffet?
Ists nicht eine gewisse anzeigung / Das
sie nicht die rechte ware Catholische kirche sein müsse / Die sich warlich solches
freuels nicht pflegt zu vnterfangen?

Die münchischen meister wider sich selbst

J Aber

Aber solchen gewaltsamen freuel zu beschonen/fallen die Papisten/nach jhr alten weise/auff die offentliche lügen/vn sagen CHRJstus habe von den gesta ten/darunter dises Sacrament gebrauch wirdt/nichts geboten/Solche vnwarhe zureden/schemen sich die tropffen gar ni cht/ Was solt man denn solchen offent lichen lügnern / inn andern Artickel glenben?

Nota,

Das sie sich aber mit etzlicher der vn sern sprüchen behelffen wollen / das die selben geschrieben / es könne die Kirche inn eusserlichen dingen/ ob die GOTT gleich selbst verordnet/dispensieren/ ord nung vnd enderung anstellen / kan sie nichts helffen/ denn solchs von eusser lichen dingen vnd Cerimonien zuuerste hen. Aber vmb das Sacrament/ vnd vn wandelbare Testament Christi/ hats viel ein ander gestalt.

Dispensatio in externis.

Das Exempel Mose / das er die be schneittung/ die doch am achten tage het te geschehen sollen am volck / biss inn die viertzig Jar vber auffzog / dienet nichts hieher

Auffzug der beschneitũg

icher/ denn es auch ein ander ding ist/ in vnuermeidtlicher not des Sacraments/ do mans nicht haben/oder nicht brauchen kan/ aufftziehen müssen/ vnd gar viel ein ander ist es dagegen/ nach menschlichem guttdüncken/ dem HERRN Christo/ sein ordnung vnd befehl im Brauch des Sacraments/ endern/ zerreissen/ vnd trennen.

Vnd was thut doch das zum handel/ der König Ezechias hat nach Gottes befehl/ die ehrene Schlange (als derselben mißbrauchet wardt) zerbrochen. Derhalben hat die Römische Kirche macht/ Die eine gestalt des Sacraments/Wenn mans nach Christi erster einsätzung recht brauchen wil / nach jhrem gutdüncken/ zuuerbieten vnd einzustellen.

Abschaffung der Ehrenen schlange.

Die ordnung das man sich vom ersticketen vnd blutt enthalten solte / Act. 15. thut hieher auch nichts/Denn das die angestellet / vnd darnach mit der zeit wider gefallen / beweiset nicht/das darumb der befohlenen Kelch solle vnd könne verboten werden / Denn das Sacrament ist

Enthaltung võ Blut vnd ersticktē

Christi ordnung / Darein hat jhm niemandts zusprechen / oder einige enderung zumachen / Was aber Menschen aus Christlicher guter meinung / ordnung vnd einigkeit zuerhalten / auff eine vngenante zeit setzen vnd auffrichten / können sie nach gelegenheit der zeit vnd erfoderung der nott endern / mehren / auffheben / oder sunst fallen lassen. Aber also gehets mit Christi Sacramenten nicht zu.

Eintauchũg ins wasser.

Das man etwan die Kinder / wenn man sie teuffen wolle / ins wasser getuncket / nu aber nach der Kirchen brauch nur besprenget / bestetigt nicht der kirchen vermeinten gewalt / die Sacrament zuendern / Denn damit der Tauffe nichts entzogen / auch die Substantialia nicht geendert / noch wider den ausdrücklichen befehl CHRJsti gehandelt wirdt / denn das wort Baptizare heisset nicht so gar alleine / immergere vnd intingere / eintuncken / das es nicht auch bisweilen für abluere, madefacere, vnd lauare / für abwaschen / befeuchten / etc. solte gebraucht werden.

Baptizare.

Das

Das die Apostelni nicht / Im namen des Vaters / vnnd des Sons / vnnd des heiligen Geists / Wie es Christus geordnet / solten getauffet haben / kan ich nicht gleuben / das aber geschrieben stehet / Sie haben im Namen des HERRN / oder im Namen CHRISTI getaufft / hat nicht die meinung / das sie allein den Namen CHRIsti genennet haben / ohne einige gedechtnis / des Vaters vnd des heiligen Geistes / sondern im Namen Christi teuffen / heisset auff seinen befehl / nach seinem willen / vnnd nach der ordnung / form vnd weise / die er selbst gestalt / auff sein verdienst vnd gnugthuung teuffen / Wie das die art aller sprachen mit sich bringet.

Im namen Christi teuffe.

Das der Christen Feiertag / nicht nach der Jüdischen weise auff den Sonnabend gehalten / sondern auff den Sontag verlegt worden / vngeachtet / das doch Gott ausdrücklich / den siebenden tag / vnnd nicht den achten hat heissen feiren vnd heiligen / beweiset nicht das die kirche macht habe / des HERRN wolgeordnete Sa-

Verlegung des Sabbaths.

 cramen-

cramenta zu endern vnd zutrennen / denn das Gebott von der feire des Siebenden tages / war nur den Jüden geben / vnd betrifft gar nicht die Christliche Kirche / So hat auch Christus mit seiner frölichen Aufferstehung / vnd tröstlichen sendung des heiligen Geistes / den achten tag sonderlich gezieret / vnd damit seiner Gemeine vrsach geben / denselben hinfort einmütiglich / feirlich zuhalten / vnd daran gemeine Gottesdienste / im Glauben vnd der Liebe zuuerrichten.

Sontag.

Es sagen vnser widerwertigen / wenn man dem befehl Christi nach dem Buchstaben / so genawe nachkomen wolle. Worumb wir denn nicht auch bey handelung des Sacraments / einander die Füsse waschen / so doch dauon viel ein stercker vnd klerer befehl gegeben worden / denn vom Kelch trincken / vrsache / Christus sage ausdrücklich / Johan. 13. So nu ich ewer HERR vnd Meister / euch die füsse gewaschen habe / so solt jhr auch euch vntereinander die füsse waschē. Hie sehen aber / oder wollen die Blinden leute

Fusswaschunge.

te nicht sehen/das dieses fusswaschen/ cht ist ein solchs stücke/das an jhm selbst r handelung des Abendtmals Christi otwendig gehöre/ sunst hetten es die an- rn drey Euangelisten / in beschreibung r einsatzung dieses Sacraments / vn- zweifelt auch mit dran geknüpffet / vnd aulus desselben gedacht/ auch hette der eilige Johannes / desselben nicht alleine hne meldung des Sacraments alhie ge- e ecken können. Zu deme ist ein vnter- scheidt zwischen einem Exempel vnd ei- nem Testament/ Dem Exempel sol man olgen/das nach demselben geschehe/was s fürbildet vnd erheischet/ ob gleich nicht eben das werck geschiehet / darinnen das Exempel gegeben wirdt / Als Christus sagt hie. Ein Exempel oder beyspiel ha- be ich euch geben / das jhr thut / wie ich euch gethan habe / Was bildete aber die- ses Exempel für? Anders nichts denn die Liebe / wie nu Christus seine Jünger geliebet hat / vnd solchs in dem wercke be- zeugete / das derer Landtart breuchlich war / das er sich so tieff demütigt / vnnd

Vnterscheid zwische Exepeln vnd Testamēten

Exempel der Liebe

jhne die füsse weschet / also wil er d
sie auch gegen einander liebe tragen / v
in demut einer dem andern / allen dien
lichen willen erzeigen sollen / mit dergl
chen oder andern wercken der Liebe / v
ist also hie mehr auff das reiche Exemp
der vielfaltigen art der Liebe / denn a
das einige werck des füsswaschens zus
hen / dem Exempel sindt wir schüldig
folgen / an das sonderliche werck (beso
der wo es nicht landtbrauch) sindt w
nicht gebunden. Also ists gethan vmb d
Exempel. Aber weit anders helt sich mit
dem Testament Christi / da haben wir
nicht befehl / dergleichen Testament / vi
weniger ein Opffer darauss zumachen
haben wir nicht nach vnsers gefallens / im
brauch desselben etwas zuuerendern / sondern sindt an die wort gebunden / vns allerdinge nach denselben inn reichung vnd
empfahung dieses Sacraments zurichten / vnd das geringste daran nicht zuendern noch zu vnterlassen.

Testament Christi.

Ich möchte aber jennes theil fragen / Worumb sie selbst nicht das füsswaschen

bey

y dem Sacrament halten / Dieweil sie
n befehl dieses sonderlichen wercks / so
naw an das Abendtmal / als ein not-
endig stücke / desselben knüpffen vnnd
inden ? So werden sie mir antworten /
e haltens geistlich / in dem das sie jhr ge- Geistliche fuss waschen.
issen inwendig waschen / wolt Gott das
olchs war were. Aber wer wil es gleu-
en ? Bey vns geschiehet zwar die ver-
nanung allezeit / an die so das Hochwirdige Sacrament empfahen wollen / Das
ie sich zuuor prüffen / vnd mit fleissigem
anhören Göttlichs worts / vnd anne-
mung desselben im glauben / jhre hertzen
reinigen wolten / vnd hetten wir derhalben nach der Bäpstischen deuttung / Das
Geistliche Fusswaschen richtiger denn
sie / beneben dem gantzen vnd rechten
brauch des Sacraments / vnd können sie
vns diss fals nicht beschüldigen / das wir Vngehorsam der Bepstischen.
weder diesen noch jenen befehl CHRJsti
halten / sie sindt dieselben leute / so jhre zu-
hörer vom Glauben abführen / auch nicht 1.
auss reinem wort Gottes lehren / wie sie 2.
jhr gewissen reinigen möchten / verhal- 3.

J v ten jh-

4. ten jhnen darzu die wort des Testamen
Christi / vnd reichen jhnen solchs au
nicht nach Christi ordenung vnd ein
zung / Halten also weder diesen noch je
nen befehl CHRJsti / vnd werden an d
gantzen Religion brüchig vnd abtrü
nig.

Nach dem sich nhu die treflichen we
sen Meister / mit vielen weit gesuchte
behelffen / wol zermartert / vnd zuwü
get / aber nichts außgerichtet / vnd noch
lange nicht beweiset haben / das die kirche
macht habe / inn den Sacramenten des
Herrn Christi / etwas zuendern / greiffen
sie nu allererst zur besten were jres bedün
ckens / vnnd erhaschen darüber den armen
Luther so schwinde vnd vnuersehens / das
er sich schlecht mus gefangen geben / vnd
jnen zugefallen one seinen danck bekennen /
die kirche habe macht in Sacramenten en
derung fürzunemen / vnnd sey man jhr
schüldig zugehorsamen.

Luther muss ber halten.

Nu lasset hören / was sie guts newes
werden zu marckt bringen / Sie sagen al
so / CHRJstus hat inn einsatzung der

Heili-

eiligen Tauffe befohlen / das man die
ute erstlich lehren / vnd denn / wenn sie
euben Teuffen solle / diesem befehel haman viel hundert jar zu wider gethan /
n dem das man die kleinen kinder (so
ch weder der Lere noch des glaubens
hig) getaufft habe. Es sey aber / solchs
schehen / auff verordnung der Heiligen
hristlichen kirchen / die durch anleitung
s Heiligen Geistes / die kinder zuteuffen
rordnet habe / vngeachtet / das man da-
n keinen ausdrücklichen befehl / noch
arcs wort Gottes habe. Vnd habe der
ather / der doch sunst stets Text vnd kla-
schrifft fordert / nicht alleine / one dieses-
ge seine kinder / nur dem alt hergebrach-
n kirchen gebrauch nach / teuffen lassen /
sondern auch den Widerteuffern frey
rauss bekandt / das die Kindertauffe in
r Heiligen Schrifft nicht gegründet /
ich darauss nicht köndte als recht vnd
stig erweiset werden / vnd habe er seins
uns / das er die kleinen kinder teuffen
esse / keinen andern grundt / denn das
die heilige Christliche Kirche bissher
also

also gehalten. Derwegen so sey nu
Nota. tage/ das Luther mit seinem eigen mu
vnd feder bekenne/ das die Kirche ma
habe enderung in Sacramenten/ wi
vnd ohne den klaren Buchstab zumach
vnd das sie daran recht thue/ vnd man
auch billich darinnen gehorsam sei
Demnach müsse der Luther je ein hei
ser Man sein/ der solchs bey dem ei
Sacrament/ Nemlich bey der Tauffe
kennet vnd recht sein lesset/ aber bey
Communion des Sacraments des A
tars/ der Kirchen solche macht aller di
ge abschneidet/ vnd das sie solte mit ei
stellung des Kelchs recht gethan habe
halsstarriglich leugnet/ darauss denn
sehen/ das der Bäpstische brauch vn
einer gestalt alleine/ nur auss mutwill
vnd fürgesatzter bosheit/ von Luther v
seinem anhang/ angefochten vnd verwo
fen worden/ Denn wol zuerachten/ w
von dem Luther nu mehr zuhalten sey/ d
die alte kirche einmal für weise/ vnd g
recht rhümen/ vnd denn baldt das and
mal eine Nerrin/ vnd vngerecht schelt
dürff

rffe / Soll man der alten Kirchen fol-
n / was die kinder Tauffe belanget/
Zorumb folget man jr denn nicht auch
dem/ was die Communion vnter einer
stalt antrifft? Sag an (schreien sie)
d gib vrsach. Sol man der alten allge-
einen kirchen etwas gleuben? Worumb
elt man denn sampt jhr nicht / auch die
Communion einer gestaltt für gut? Sol
ber die alte Kirche nicht glaubwirdig
ein/ Worumb [illegible] denn Doctor Mar-
in Luther die Kinder Tauffe/ ohne alle
Schrifft / allein auff der alten Kirchen
glauben vnd brauch? Nota.

Nu lieben HErrn / macht euch dieses pünctlin nütze / vnnd haltet den Luther feste / das er euch nicht wider entkome/ sehet aber mit zu/das jhr nicht etwan vber einem schatten/ solches frolocken vnd triumphieren habet. Ich lass mich bedüncken/ich wolle den Luther baldt/vnd ohne besonder mühe/euch frey vnd vngefangen darstellen.

Anfenglich sage ich aber also/ das der befehl Christi an die Apostel vom Leren/ nicht

Befehl Christi vom leren

nicht alleine so strack dahin dringet / m man alleine die so albereidt lehrhaffti sindt / unterweisen / und denn teuffen sol und aber / derselben kleinen newgebo nen kindtlin / die sie auch gerne Chri eingeleibt wissen wolten / solten von d Tauffe ausgeschlossen sein. Nein / d hin sindt die wort des HErrn Chr keins weges zu deuten / sondern er wil d man lehren sol / die so da gelehret werd können / und darnach dieselben / sampt i ren kindern / die noch nicht die Lehr be greiffen können / teuffen solle. Dersel ben ist mit der Kindertauffe / die lange z her / nicht wider des HERRN Chri befehl und ordnung gehandelt worden denn hat er doch Kinder zuteuffen nich verboten / darumb kan es ja nicht wide jhn sein / Denn was er nicht haben wil da zeuget er gnugsam von in der schrifft / Dieweil er denn Heiden oder Völcker lehren und teuffen heisset / und hie weder alt noch jung ausschleusset / Kinder aber / auch arme Heiden sindt / jhrer ersten ge burt nach / und ob sie wol die Lehre nicht

Kindertauffe nicht verboten.

fasset

ſen können / dennoch der Tauffe be-
rffen / ſoll man jhnen dieſelbige als de-
n / die ja auch ein theil des Volcks ſindt
derfahren laſſen / denn ſolchs Chriſto /
ch ſeinem befehl / nicht zuwieder iſt /
e die Papiſten liegen. Er hat ſie ja ni-
t von der Tauffe auſsgeſchloſſen. Zu
m iſts auch eine lügen / das die kleinen
inder nicht köndten den glauben haben /
denn es iſt ja Gott der Allmechtig / den
Glauben zugeben vnd zu wircken / wo er
il / vnd iſt damit an kein alter gebunden /
heiſſet Chriſtus die kindtlin zu jm brin-
en / verſtehet durchs gebett vnd die Tauf-
e / vnd ſchleuſſet / Das ſolche zu jhm ge-
rachte vnd getauffte Kinder / Himmel-
ürſten ſindt / Das Himmelreich iſt jhr /
agt er. Weil aber niemandts theil am
Himmel haben kan / der nicht den Glau-
en hat / Das Himmelreich aber derer
Kinder iſt / die Chriſto zugebracht werden / wie ſeine ſelbſt ware wort lauten / ſo
muſs folgen / das ſolche Kinder auch den
Glauben haben / ob ſie jhn gleich zu der
zeit ſelbſt noch nicht bekennen können /

Kinder können den glauben habẽ

Das

Das nu die kleinen Kinder / nach der ki-
chen verordnung getaufft worden / i
recht / aber solche verordnung ist nic
ohne Gottes wort gehalten / viel wenig
wider den befehl CHRisti fürgenom
worden / Denn die liebe Kirche Chri
ist zu trewe darzu / das sie ohne oder wi
jhres HErrn Breutgams wort oder w
len / etwas in Sacramenten thun od
setzen solte / Sondern alles was sie thu
das thut sie nach ausweisung vnd anla
tung des Göttlichen worts.

Trewer gehorsam der Kirche.

Was nu den Luther belanget / [illegible] e
recht gethan / das er stets von seinen wi
dersachern schrifft / vnd klaren beweis
aus Gottes wort gefodert hat / wir wol
len vns auch von derselben Regel nich
weisen lassen. So hat er auch recht ge
than / das er seine Kinder nach lang he
gebrachten Christlichen brauch hat teuf
fen lassen / vnd hierinnen der allgemeine
Christlichen Kirchen gefolget / aber nich
nach derselben wahn vnnd eigen auffsa
tzung / sondern nach Christi wort vn
ordnung / denen die kirche hierinnen auch
gefol-

Regula Lutheri.

folget/ vnd nichts auſs eigenem willen rgenohmen. Hat alſo Lutherus wol wuſt/ das die Kindertauffe in Gottes ort gegründet.

Ja ſprechen ſie/ bekennet er doch ſelbſt im brieffe an zween Pfarherrn von der Widertauffe) die Kindertauffe habe in er Schrifft keinen grundt/ da wollen ir nun zur ſache komen/ vnd ſagen/ das ir Bäpſtiſchen dem Luther ſeine wort elſchlich anziehet/ vnd böſslich deutet/ welche ſtücke redtlichen leuten nicht gebü-ren. Denn alſo lauten ſeine wort/ Das ie Kinder gleuben/ das können wir mit keinem ſpruch beweiſen/ Der ſo klar vnd helle herauſs ſage/ mit ſolchen oder der-gleichen worten. Ihr ſolt die Kinder teuf-fen/ Denn ſie gleuben auch. Wer vns auff ſolche Buchſtaben zubeweiſen drin-get/ dem müſſen wir weichen/ vnnd ge-wonnen geben/ wir finden ſie nirgendt be-ſchrieben/etc. Da redet er beſcheidentlich/ das ſolche wort vnd Buchſtaben von der Kindertauffe vnnd Glauben/ inn der Schrifft nicht gefunden werden/ aber

Falſche deutung der wort Lutheri.

darauff/vnd zwar auch zuuor/beweisen mit gewaltigen zeugnissen der Schrifft das die Kindertauffe derselben nicht zu entgegen/sondern feste darinne gegründet sey/ wie im selben schonen brieffe mit lust mag gelesen werden.

Vnd ist zwar das kinderteuffen im befehl Christi (Leret alle Völcker/vnd teuffet sie/etc.) mit eingeschlossen/ auch durch die Apostelen/do sie gantze heuser getaufft haben/ darinnen freilich auch kinder gewesen/erfüllet vnnd volzogen worden/were sich auch zuuerwundern/ das der gütige HErr Christus/der doch vmb vnsernt willen ein kleines kindtlin hat wollen geboren werden/hett die kindtlin von seiner heiligen Tauff ausschliessen wollen/Die an statt der beschneittung von jhm geordnet/so doch sein Himlischer Vater im Alten Testament/die kindtlin vom Sacrament der beschneittung/ jres vnuerstandts halben nicht ausgeschlossen/sondern zu förderst damit bedacht hat. Vnd ist wol seltzam/das sich die ebenthewrer nicht schemen zuleugnen/ Es ste-

Kindertauffe Christo nicht zu entkegen

Nota.

s stehe nicht geschrieben / Teuffet alle ölcker / so es doch der klare Text / atth. 28. mitbringet. Gehet hin vnnd ret alle Völcker / vnd teuffet sie / etc. der es ist kein wunder / das diesen leuten attheus liegen muss / Die sich auch cht schewen / Christum zum lügener machen.

Das nu Doctor Luther bekennet / er ge mit der kindertauffe der allgemeinen hristlichen kir[illegible]die sich in demsel- n stücke der ordnung vnd dem befehl hristi gemess helt. Damit hat er noch nge nicht bekandt / das die ware kirche acht habe / etwas ohne vnd wider Chri- ordnung vnd wort inn Sacramenten endern / viel weniger hat er die Bäp- sche kirche gelobet / oder derselben Kelch ub gebillichet / auch dessen die rechte atholische kirche nie beschüldigt / Vnd lget derhalben nicht / Luther erkennet r recht / das die ware Catholische kir- e / nach Christi befehl / ordnung / vnd illen / die kleinen kinder teuffet / darumb ekennet er hiemit / oder solt es je sagen /

Nerri- sche con- sequentz

das auch die Bäpstische kirche recht wol gethan/das sie ohne vnd wider Christi befehl/den Leyen den Kelch im Sacrament verboten hat/ Denn es ist wie gesagt/ ein grosser vnterscheidt zwischen der Catholischen vnd Papistischen kirchen. Die ware Catholische kirche hat die Kelchdieberey nie gebillicht/ viel weniger selbst getrieben/ darumb darff man vns nicht fragen/weshalben wir jhr hierinnen nicht folgen/ denn sie hat es nie begeret/vnd wer die Communion vnter der einen gestalt/ alleine für einen Kirchenraub vnd schendtlichen missbrauch achtet/ thut hierinnen nichts wider die heilige Catholische kirche/ ob er gleich der Bäpstlichen kirchen zorn auff sich ladet.

Auss diesem allen ist nu kundt vnd offenbar/ Das es ein nichtiger grundt/ dazu eine falsche lehre sey/ do man sagt/ die kirche sey vollmechtig vnd gewaltig/ auff beweglichen vrsachen/ in allerley Religions Artickeln/ verenderung/ vnd ordnung fürzunehmen/ vnnd demnach auch im gebrauch des Sacraments/ was man da

Was die kirche für macht habe.

nehmen

/ jhres gefallens zugebieten/
re newe Meister also schlies-
egen sagen wir stracks nein/
/ Die kirche Christi habe
acht/denn jhr von Christo
n/ mit ausdrücklichen wor-
nd vbergeben/ als nemlich/
wort Sünde zulösen oder
allen andern dingen/ sol sie
(doch in vertrewlicher lieb)
Errn wort vnd befehl/rich-
nicht ein Buchstab endern/ Vaters
jet der befehl GOTtes des befehl.
ses ist mein lieber Son/den 1.
/vnd die Mutter JHEsu/
Figur der Christlichen kir- 2.
sagt ausdrücklich / Johan. Mutter
ch sagt/das thut/Sie zeucht befehl.
ht auff sich / sondern heisset
Son achtung geben / vnd
en das / was er jhnen sagen
richten. Vnd Christus dar- 3.
e er von seinen Jüngern gen Christi
fgenommen wardt/ sagt al- befehl.
alten/ alles was ich euch be-

 fohlen

fohlen habe. Dieses wörtlin (alles) [...]
das die kirche nichts soll vnterlassen/ [...]
dem das Christus befohlen hat/ vnd [...]
wort was ich euch befohlen habe/ schl[...]
set alle newe gebott auss/ so inn Glaub[...]
sachen/ vber Christi befehl möchten [...]
gebracht werden.

4. Daher sagt auch S. Petrus/ So [...]
" mandt redet/ das ers rede als GOT[...]
Petrus. wort/ 1. Petri. 4. Das ist in der Kirc[...]
sol man nichts lehren/ man sey es da[...]
gantz gewiss/ das es Gottes Wort sey[...]
Paulus. Wo nicht/ so heissets/ Gala. 1. So je[...]
" mandt euch Euangelion predigt/ anders[...]
" denn jhr empfangen habt/ der sey ver[...]
" fluchet. Denn zu Gottes wort sol m[...]
" nichts thun/ auch nichts dauon nehm[...]
" Deuter. 4. Wer aber anders lehret/ [...]
" bleibet nicht bey den heilsamen worten vn[...]
" sers HErrn JHEsu CHRJsti/ 1. Ti[...]
moth. 6. etc. Der ist verdüstert/ vnd weis[...]
nichts/ etc. Wie wir Augenscheinlich an
den Papisten sehen/ wie sie der Warheit
beraubet werden/ vnd schlechts meinen
die Gottseligkeit sey ein gewerbe/ dieweil

sie ni[...]

e nicht blieben sindt / noch bleiben wolen bey den worten / befehl vnd einsatzung Christi / im Hochwirdigen Sacrament.

Dieweil denn nu den Bepstischen vnnüglich ist / diesen Artickel zuerhalten / das die Christliche kirche macht habe in Sacramenten / Christi einsatzung / vnd ordnung zuendern / so wirdt auch das viel weniger bestehen können / das der Bäpstischen kirchen / Costnitzer Concilium / mit dem verbot des Kelchs recht vnd wol gethan habe / vnd weil denn damals allererst durch ein Gemeine Decret / den kirchen die Communion vnter einer gestalt auffgedrungen worden / wie kan denn war sein / das dieselbige zuuor von der Apostel zeit her / mit allgemeinen Catholischen Consens vnd bewilligung / sey im brauch gewesen / Lügen lassen sich zumal vbel flicken. Wie denn das auch eine gute lügen ist / das sie sagen dürffen / die Römische kirche habe auss mütterlicher liebe / der Griechischen jre sonderliche breuche / vnd die Communion vnter beyder gestalt nachgelassen / So doch die Grie-

3. Ob das Costnitzer Concilium recht gethan habe.

Griechische kirche.

chisch kirche/ Die Römische nie darum besuchet / auch viel lange zeit dafür nicht gehalten hat / das sie jhr etwas zugebieten oder zu vergünnen macht hette/ Ja die Griechische kirche / hat etlicher Artickel halben/ (wie nicht vnbillich) die Römische Bäpstische kirche für Apostatisch vnd abtrünnig gehalten. Noch dürffen die Romanisten sich rhümen / sie haben jhnen willig etwas nachgegeben / so wir sie jhnen nicht nehmen noch wehren können/ Wie sie jtzt auch gern den rhum haben wolten / als hetten sie vns die Communion vnter beyder gestalt gutwilliglichen nachgelassen/ wenn wirs jhnen gestehen / vnd solche jhre vermeinte nachlassung annehmen / vnd als eine sonderliche wolthat rühmen wolten.

Verkereter ruhm

Bestendigkeit der Kirchen.

Sunsten rühmen sie von grosser bestendigkeit / Die kirche sey den widersachern nie gewichen / daran hat die rechte Kirche je vnd allwege wol gethan / Das aber die Bäpstische kirche / die jenigen so vber dem befehl / vnd der einsatzung des Sacraments Christi feste halten / vnd

jhnen

jnen da nichts nemen lassen wollen/ Christi widersacher heissen/ vnd mit jrer menschensatzung dem befehl vnd ordnung Christi/ vnd rechtschaffenen Lerern nicht weichen wollen/ ist vbel vnd böslich gethan/ kumpt auch von keinem guten geist her/ vnd möchten sie solche jhre halsstarrige hoffart wol vngerühmet lassen.

Die Exempla/ wie etwan in eusserlichen gebreuchen nach gelegenheit der zeit/ erfoderung der nott/ besserung der leuten/ dispensieret/ vnd enderung fürgenohmen worden/ können nicht erstreitten/ das darumb das Testament des Eingebornen Sons Gottes/ einiger vrsachen halben/ köndte mit gutem gewissen zertrennet/ oder anders/ denn er selbst befohlen hat/ gebraucht werden. Exēpla dispensationū.

So folget auch nicht/ weil in etlichen puncten durch ernste befehl der Kirchen/ gute ordnung/ den Ketzern vnd Schwermern zu wider/ allerley missbreuche zu verhüten gemachet/ vnnd darnach fest darüber gehalten worden/ Das man darumb/ den rechten Einlerern vber der einsatzung des Testaments Christi zuwider gute ordenung zerreissen / missbrau stifften / vnd darnach vber zerrüttung de Testaments / vnd enderung des befeh Christi / Tyrannischer weise halten sol wie gleichwol von den Bäpstischen g schiehet.

Demnach folget nicht / wenn man da Bäpstische Kelch verbott / als vnrec tadle / das man damit die gantze Kirc verdamne / Denn es schleusset sich nic also / Darinnen hat die Römische Kir- Nota. che vnrecht gethan / darumb hat die gan tze Catholische Kirche vierzehen hundert Jar geirret.

Das sie aber als denn sagen / Ob wir denn alle die verdammen wollen / die das Sacrament in einerley gestalt genomen? Darauff sagen wir / Man müsse allemal mehr ansehen / Gottes wort befehl vnnd ordnung / denn der Christenheit werck thun oder lassen / Denn Gott kan nicht liegen noch feilen in seinem wort / aber die Christenheit kan feilen vnd jrren in jhrem thun vnd lassen / ob das gleich nicht durch-

Christi befehl der kirchen thũ vor zuziehen.

aus ge-

... uss geschicht/ so kan es sich aber wol zu-
... ragen/ in vielen vnd bisweilen in den an-
sehnlichsten gliedern. Zu dem ist die Christenheit / nicht eine Regel vnd mass vber
Gottes wort/ sondern Gottes wort ist eine Regel vnd Mass vber die Christenheit / Vnd die Christenheit machet nicht
Gottes wort / sondern Gottes wort machet die Christenheit/ Das nu viele ja ein
eben gros theil der Christenheit/ Das
Sacrament für dieser zeit/ in einer gestalt
gebraucht/ daran haben sie nicht recht ge-
than/ aber Gott wil sie wol entschüldigt
halten/ weil sie dasselbige auss zwang vnd
not haben müssen thun/ als denen solcher
missbrauch wider jhren willen/ durch die
Geistlichen Tyrannen ist auffgedrun-
gen/ das sie es nicht besser haben wissen
oder machen können/ Darumb ists weit
ein ander ding / Sünde vnd jrthumb ha-
ben/ vnd ein ander ding verdammet sein/
Die Christenheit wirdt hie auff Erden
nimmer gar ohne gebrechen sein/ Wie
Paulus der höchsten vnd heiligsten glie-
der eins selbst bekennet / Rom. 7. Aber
darumb

Sünde haben vñ verdammet sein zweyer.

darumb ist sie nicht verdampt. So ists auch ein ander ding / auss vnwissenheit geirret haben / vnd aber ein anders / nach hellem klaren bericht / die begangenen jrthumb schützen / vnd als recht verteidigen wollen.

Jrren vnd jrthumb verteidigen ist zweyerley.

Vnd darauff schliesse ich nu / Das der gantze erste theil / des gründtlichen berichts / von der Communion / zu München gedruckt / mit seinen vier losen gründen / nichts anders ist / denn lauter verführung / falsche lehre / betrug der einfeltigen / lügen vnd lesterung. Vnd sage dürre herauss / das es nicht war ist / auch nimmermehr beweiset werden kan / Das gantzer Viertzehenhundert Jar lang / durch alle Welt / wohin vnd wo hinauss sich jemals die ware Kirche Gottes erstrecket / ohne widerspruch / der missbrauch der Communion / vnter einer gestalt alleine / für gut gehalten vnnd gegleubt sey / dieses sage ich noch einmal / ist weder war noch beweisslich.

Beschlus des ersten theils.

Das aber der missbrauch / das Sacrament vnter einer gestalt alleine zunehmen ein-

men eingerissen sey / leugnen wir nicht / sagen aber kurtz rundt / Es sey vnrecht / vnd beschüldigen damit nicht die gantze Catholische Kirche / das sie hierinnen vnrecht gethan habe / denn wir wol wissen / vnd die Historien jeder zeit auch zeugen / das die Catholische Kirche durchauss / solchen missbrauch nicht bewilligt / viel weniger denselben angenomen hat / sondern ist blieben / bey der ein mal befohlenen ordnung [illegible] einsatzung Christi jhres HErrn. Der Römischen Bäpstischen Kirchen enderung aber können wir nicht loben / Das man nu sagen wolte / Es würde darüber die Bäpstische kirche beschüldigt / als hette sie der heilige Geist verlassen / das müssen wir gestehen / Denn was solte der Geist Christi / bey einer solchen kirchen suchen / die Christi wort vnd befehl nicht achtet / vnd den brauch seiner Sacrament verendert / auch sunsten mit speiss vnd Eheverbott des Antichrists Geist williglichen folget / Doch verdammen wir nicht ohne vnterscheidt / die so vnwissendt vnter dem Joch des Bap-

Eingerissener missbrauch.

Römische Kirche.

Vnterscheidt der jrrenden.

Bapsthumbs / inn niessung des Sacra-mēts geirret / sprechen aber auch darum nicht gerecht noch selig / die nur jhre ehr vnd Reputation zuerhalten / solchen miss-brauch wider jhr gewissen / gelobet vnd verteidiget haben / vnnd noch loben vnd schützen.

Loser behelff.

Das wir aber beweisen sollen / es sey entweder die Communion vnter einer ge-stalt alleine nie im brauch gewesen / oder derselben zu allen zeitten / oder der Apo-stel zeit widersprochen worden / vnd do wir das nicht beweisen köndten / solte folgen Das solch Communion recht sein müste / ist gar ein loser behelff / Denn leugnen wir doch nicht / das derselbige missbrauch etwan eingeführet sey / darauss folget aber nicht / das es darumb recht gethan sey / Denn es hat sich wol mehr dinges inn der Christenheit zugetragen / das den-noch darumb nicht recht ist / wir bleiben bey der Regel / Du solt nichts preisen recht noch gut / ohne was Gott selber redt vnd thut.

Regula Christia norum.

Die frage aber / welchs denn die rech-

te Christ-

Christliche kirche gewesen sey/ ist baldt ffzelöset/ nemlich die/ so nicht menschher vernunfft noch gutdüncken/ sonrn allein der stimme jhres Ertzhirten hesu Christi gefolget/ vnd sich in allen Glaubens Artickeln/ vnd im brauch der Sacrament nur nach seinem offenbaren wort vnd befehl gerichtet hat/ Ob as die Römische Bäpstische vnd Tyannische Kirche gethan hat/ Ist auss em offenbar/ [illegible] ire schrifften Bullen vnd Brieffen fürhanden/ darinnen sie Non obstante Christo/ vngeachtet was Christus gesetzt/ newe glaubens Artickel stellen/ vnd den brauch der Sacramente schendtlich zerreissen vnd endern. Auch zeugen die Historien/ wie manch vnschüldigs blut die Bäpstische kirche/ nur derhalben vergossen/ das man jr nicht mehr/ denn Christo/ ja Christo zuwider hat gleuben vnd folgen wollen.

Welchs die rechte kirche sey.

Bepstische kirche.

Das aber nie solchs straffen vnd widerfechten der Papistischen Communion/ solt erhöret sein worden/ weiss man auch anders/ anfenglich zwar/ war es nicht

von nö-

Widersprechūg der Papistische Communion.

von nöten/ derselben zu widersprech
dieweil man dauon entweder nichts
wust/ oder je keinen notzwang/ wie h
nach geschehen/ darauss gemachet/ su
sten/ haben sich ja je bissweilen leute fu
den/ die jhnen die Communion in bey
gestalt/ wie sie Christus der gantzen Ki
chen auffgelassen/ nicht haben wolle
gern nehmen lassen/ vnd zum hefftigst
dem Kelchraub widersprochen/ W
auss den Historien/ nach der lenge dar zu
thun/ wenn es not were/ sie möchten sich
doch nur ein Exempel oder zweyer eine

Valdēses

nern/ Vmb das Jar Christi 1160. Haben in Franckreich sehr viel dem missbrauch des Sacraments/ vnter einer gestalt widersprochen/ Desgleichen ist im
Deutschlande vnd Behem/ kurtz hernach
geschehen/ vnd hat solchs widersprechen

Johan Huss.

für vnnd für geweret/ biss auff Johann
Hussen/ vnd denn förder biss noch auff
den heutigen tag/ dennoch dürffen vns die
Bäpstischen trotzig herauss fodern/ vnd
puchen/ jhnen nur einen/ der jhre Communion vnter einer gestalt alleine/ jemals

habe

be angefochten fürzustellen.

Aber das ist noch wol das aller wun-
rbarlichste ding/ das sie jmmer schreien
ıd ruffen/man solle jhnen den Kelch be-
hl fürstellen vnd anzeigen/ wenn je einer
.rhanden were/ müste er der allgemeinen
hristlichen kirchen/ je so lange zeit nicht
rborgen noch verhalten gewesen sein/
e müste ja auch etwas dauon/die vierhe-
n oder funfftzehen hundert Jar lang ge-
ust haben. Da siehe doch mein lieber
eser / wie der Schwindelgeist / die ver-
lendte leute treibe vnd reitze / Die klaren
ellen befehls wort Christi / Nemet hin
nd Trincket alle daraus / stehen da für
lugen / Werden auch von des HErrn
hristi wegen / so offt man dis Sacra-
nent recht handelt / seiner gantzen gemei-
e (für die er sein blut vergossen) ange-
ündigt/noch fragen die verdüsterten leu-
e/ wo der Kelch befehl sey. Sagen dar-
ıach förder/die gantze Kirche wisse nichts
dauon/ so sie doch sunst bekennen / Christus habe sein Sacrament inn beider gestalt eingesetzt/ vnd seinen Jüngern zune-

Befehl vō kelch.

Schwindelgeist.

men befohlen. Item / Es sey also bis auffs Costnitzer Concilium / inn der Christlichen Kirchen im brauch gewesen/ Wie ist denn die Christliche Kirch dazu komen/das sie den Leyen den Kelch so wol als den Priestern gereichet? hat sie es ohne befehl gethan/ so ists ja so grosse Sünde gewesen / als das die Römische Kirche ohne befehl / den Kelch den Leyen entzogen hat. Hat aber die Christliche kirche / das Sacrament inn beyder gestalt anfenglich / vnd immer hernach gehandelt/ auff Christi befehl/ Wie hat ihr denn derselbige befehl können verborgen sein / Oder warumb hat denn jrgend eine Kirche / sich solchen befehl zu endern vnterstanden? Man endert ja eines menschen Testament nicht/ Wie kumpt denn der Son Gottes darzu/ das man mit seinem Testament anders/ denn er befohlen hat / vmbgehet? Der Römischen Bäpstischen kirchen / mag dieser befehl / wie hell er auch ist/ halt ich noch wol heutiges tags verborgen sein / Sintemal sie ohne das zu allem Göttlichen wort vnd befehl/ in die

Merck wol.

Blindtheit der Bäpstischen kirchen.

iesem vnd andern stück.n / gantz blinde
taub ist / vnd Gottes wort vnd willen
der sehen noch hören / viel weniger thun
/ Was kan Gott darzu / wenn er einen
ren befehl gibt / das etliche so verstockt
/ vnd es für keinen befehl achten noch
lten wollen. Billich werden solche leu-
nit noch mehr blindtheit / zu straffe der
rachtung geschlagen / Denn der Gott
ser Welt / das ist der Teuffel / verblen-
der vngleubigen sinne / das sie nicht
en das helle liecht des Euangelij / etc.
Corinth. 4. Aber wer Ohren hat zu
ren / der höre / was CHRIstus vom
auch seines Sacraments / selbst redet
d befehlet / vnnd lass sich dauon nie-
andt / weder Kirche noch Concilium
apst noch Keiser abführen.

Wider den Andern Theil / Des Münchischen Buchs.

Ob vnser widderpart die Bäpstichen / die Warheit wol vnd krefftig bissher wider vns erwiesen haben / in dem ersten Theil jhres Buchs / ist auss deme /

Papisten bestehen nicht.

1. was wir dawider gesetzt/ wol erschi
denn Gottes wort vnd heilige Sch
haben sie ja gar für sich/ die Commu
vnter einer gestalt alleine/ als recht z
weisen. So dienen jhnen die Hist
2. gar wenig/ Denn ob die wol anzei
was sich je etwan bey etlichen bisswei
wider die erste einsatzung CHRIsti/
Brauch dieses Sacraments zugetra
so folget darumb nicht/ das solchs r
sey/ vnd man dem Exempel folgen m
ste/ denn Christen sollen nach der stim
jhres Hirten JHEsu CHRIsti/ vnn
Regula. nicht nach der Menschen Exempel si
richten/ sonderlich in solchen hohen
3. chen. Der Veter zeugnis/ werden wi
jhre meinung felschlich angezogen/ v
4. sindt eins theils mehr auff vnser/ Der
5. der Papisten seitten/ Die Rabinen vn
Schullehrer/ können hierinnen nicht
zeugen/ Die Concilia werden billich mi
jhrem Non obstante Christo/ als vntüch
tig in dieser sache zeugnis zugeben/ ver-
worffen/ denn was sol man sich zu denen
Christlichs versehen/ die da sprechen vn-
geach-

chtet / was Christus gethan vnd ge-
net / so wollen wirs doch also nicht
)en. Was aber auß der vernunfft zu
chonung des handels gekauckelt wirdt/ 6.
nichts gelten / Denn das Sacrament
ein Glaubens Artickel / dauon die ver-
nfft / so stets wider den Glauben ficht/
chts kan erkennen noch vrtheilen.

Weil denn der Bäpstischen bißher
eschehener Bericht / auff solchen faulen
Wurmstichigen gründen stehet / ist wol
uerachten / was darauff zuhalten / vnd
ynen zu gleuben sey.

Sie protestiren hoch / Dieser Artickel
sey ein Glaubens Artickel / derhalben /
darinnen nicht nach der vernunfft zufah-
ren sey / Das ist auch vnser meinung / vnd
darüber sindt wir getrennet / das wir von
diesem Sacrament anders nichts wollen
geleret noch gegleubt haben / auch von keinem andern Brauch wissen / denn die hellen wort Christi geben / vnd der klare befehl des HErrn mit sich bringet. Solchs
wort vnd befehl aber lassen sie fahren / vnd
können doch kein anders / auß der schrifft

Sacrament ein glaubs Artickel.

fürbringen / fallen darnach stracks die vernunfft / wo lebendig fleisch ist muss auch Blut sein / vnd schliessen denn / Darumb sey es gleich gnug / Sacrament vnter einer gestalt nehm Weil vnter einer jeden der gantze C stus sey / ob ers gleich selbst in seinem w vnter beyder gestalt / zunehmen einge habe.

Richte doch fromer Christ selbst das nicht mehr heisse der vernunfft / de dem wort der einsatzung folgen / denn haben ja gantz vnd gar kein ander Argu ment / jhr Communion vnter der einen gestalt zubeschonen / denn dieses jhr ver nünfftiges bedencken / wie sie es dafü achten.

Das sie aber jmmer hart vnd fest leugnen / Christus habe es nicht vnver-enderlich in beyder gestalt zunehmen be-fohlen / vnd hoch bethewren / er habe hier-innen ordnung vnd masse zustellen / seiner Kirchen die volmacht vbergeben / Ist beydes vnwarheit / vnd bissher gnug wi-derlegt.

Denn

Denn für eins/so stehet der befehl vom Trincken so wol alda/als vom essen/ ohne vnterschiedt an alle menschen/ vnd diesen befehl hat Christus noch biss auff diese stunde nicht geendert/ auch mit keinem wort sich vernehmen lassen/das er darinnen/ biss auff den tag seiner zukunfft enderung haben wolle. Darnach ist die vollmacht/ die Christus der kirchen solle gegeben haben/ im Brauch des Sacraments enderung zumachen / mit keinem wort oder Buchstaben auss der Schrifft in ewigkeit zubeweisen. Lass sie doch nur einen einigen spruch anzeigen / das können sie nicht/ Wie kemen wir Christen denn darzu/ in solchen hohen Glaubens Artickeln/ etwas ohne wort anzunehmen vnd für war zuhalten / denn eine syllaba Göttliches worts/ sol vns mehr gelten/ denn alle satzung der gantzen Welt / also das wir auch der kirche/in Glaubens Artickeln nicht folgen sollen/ sie zeige vns denn zuuor Gottes klares wort.

Befehl Christi.

Volmacht der Kirchen.

Wenn man den handel bey dem Liecht eigentlich besiehet/ so ists an dem/das die

Christus muss den Bäpstischen vnrecht sein

Bäpstischen wol wissen / das sie mit dem Kelch verbott vnrecht gethan / vnd wider die einsatzung Christi gehandelt haben/ Aber ehe sie wolten den Namen tragen/ das sie es versehen vnd geirret hetten. Ehe muss Christus das Sacrament vnter beyder gestalt zuniessen nicht befohlen haben. Leugnen also / das doch nicht kan geleugnet werden / Ist aber das nicht rechter Antichristischer grewel ?

Entschüldigung deren so vnwissentlich geirret.

Die sünde ist zwar gross / dem HErrn sein Testament vnd letzten willen endern/ wenn mans doch nur nicht verteidigt/ Gott ist so gnedig vnd barmhertzig / das er es die so auss vnwissenheit gesündigt/ fürwar / do sie noch widerkeren / nicht würde entgelten lassen / aber das wollen sie auch nicht haben/ das man vnsere liebe vorfarn / der vnwissenheit halben entschüldige/ deuten es Luthero vnd andern zum ergsten / das sie die Leien beklagen/ das dieselben vnwissentlich verführet sind vñ geirret haben/ sampt vielen auch vnter den Geistlichen/ die in einfalt nicht gedacht/ das sie hieran vnrecht theten / weil sie dersie dergleichen von jhren Obersten gehö- ret vnd gesehen / Gott hat hie mit gna- den müssen das beste thun. Aber die es an- ders gewust haben inn jhrem gewissen/ oder sunst vberzeuget worden / das man Hierinnen von der einsatzung CHRIsti zu weit geschritten were / vnd doch nicht haben widerkeren wollen / können nicht entschüldigt werden / wer sie auch zuent- schüldigen sich vnterstünde / beginge da- mit grewliche Sünde / Die lieben Veter dürffen zwar nicht grosser entschüldi- gung / denn ich nicht finden kan / das sie von der Bäpstischen Communion vnter einer gestalt alleine / etwas gewust / Den missbrauch aber / der sich zur zeit der ver- folgung zugetragen / lassen jhnen gar wenig gefallen.

Wissentliche sünder.

Patres.

Es wenden die Papisten für / wenn sol- che Communion vnter einer gestalt allei- ne vnrecht were / so würde Gott seine Kir- che wol dafür gewarnet / vnd sie wider dauon abzustehen vermanet haben. Was war aber solchs not / das Christus seine Kirche dafür warnete / vnd dauon abma-

Armer behelff.

nete / sintemal dieselbige nie von seiner ordnung abgewichen ist / sondern stets bey dem Brauch beyder gestalt geblieben / Da aber die Bäpstische Kirche den missbrauch eingeführet / vnd die Christenheit damit beschweret hat / da ist ja trawen offtmals / demselben widersprochen worden / wie zuuor gedacht / Vnd haben die Bäpstischen / jhre eingeführete newerung zuuerstehen / nicht weinig kampffs gehabt / Aber GOtt hat verhengt / das sich der Antichrist inn Tempel Gottes gesetzet / vnd sich für Gott aufsgeben hat / Mitler weile haben die bedrengeten Christen / die gewalt leiden müssen / das man jhnen die eine gestalt / des Sacraments entzogen / haben aber solchs nicht gebillichet / noch gewilligt / ob sie wol dawider nicht haben mucken dürffen.

Ansehnlicher schein der Bäpstischen kirchen.

Weil es denn also gestanden / das das Antichristische Bapsthumb / die vberhandt / schier vber alle Reiche der Welt gehabt / vnd die Religion auch mit regieren vnd führen wollen / nicht nach dem wort Gottes / sondern mit dem Schwerd /

vnd

vnd solchs alles vnter einen trefflichen schein / Siehe / so hat der gröste theil gemeinet / sie müsten die rechte heilige kirche sein / so sie doch die ergsten Feinde der kirchen Christi gewesen. Vnd daher nehmen gleichwol / die Bäpstischen diesen griff / das sie alles der allgemeinen Catholischen Christlichen kirchen zuschreiben / vnd aufflegen / was sie vnd jhre Bäpstische abgesonderte Kirche alleine / auch offt wider das klare / helle wort Gottes gethan / vnd ausgerichtet habe. Vnd damit machen sie manchen einfaltigen sehr bestürtzt / das sie also die rechte ware Christliche Kirche / in alle jhre böse hendel mit einmengen. Derhalben der vnterscheidt / zwischen rechter vnd falscher kirchen / vnd der Beweiss / das die Bäpstische kirche / nicht Catholisch noch Christlich sey / Denn ich im anfang dieses schreibens gesetzt / sehr nötig / vnd wol ist zu mercken.

Bäpstlicher griff.

Nötiger vnterscheidt.

Aber das wir auch zum Andern theil / des Münchischen Buchs komen / Darinnen sich die trefflichen Meister hart bemü-

bemühen / vnsere Einreden vnd gegenwörffe / wider jhren Missbrauch der einen gestalt / vmb zustossen vnnd zuuerlegen. Sage ich das zum eingang / das wir vnsere meinung vnnd Lere von der Communion / vnter beyder gestalt / nicht mehr denn ein einigen / festen / gewissen grundt haben / vnd hinfort wider die Bäpstischen behalten / vnd führen wollen / vnd der andern Argument halben / so wir sunsten auch wider sie brauchen können / nicht so sehr mit jhnen fechten vnd einlegen / ohne was wir dabey / jhre Calumnien vnd lesterung zuuerlegen / benötigt werden.

Einiger grundt vnserer Lere.

Der grundt aber / darauff wir inn dieser sachen beruhen / vnd bey verlust vnser seligkeit / dauon nicht weichen dürffen / vns auch nichts dauon abtreiben lassen wollen / Ist JHEsu Christi wares Gottes vnd menschen / vnsers einigen HErrn / Erlösers vnd Heilandts / selbst weisslich vnnd wolbedachte / ordnung / einsatzung / wille vnd befehl in seinem Testament / vnd letzten willen / mit verstendtlichen / klaren / vngezweiffelhafftigen worten

Vnser meinung grundt.

worten verfasset/ vnd vns vbergeben / da denn ausdrücklich befohlen wirdt / das wir Christen/die wir vns seines todes vnd Blutuergiessens trösten vnd annehmen/ im Glauben / auch mündtlich seinen Leib in vnd mit dem Brott essen/ vnd sein heiliges Blut / inn vnd mit dem Wein aus dem Kelche Trincken sollen / vnd solchs beydes thun zu seinem gedechtniß. Dieses befehls müssen wir vns halten / vnd können vns dauon nich weisen lassen. Befehl Christi.

So lange vns nu die Bäpstischen/ diesen Grundt vnumbgestossen lassen/ wie sie thun müssen / vnd in alle ewigkeit nichts dawidder auffbringen werden/ (denn Leugnen vnd Liegen/ gewinnet der Warheit nichts ab) so mag es sie auch nichts helffen / ob sie vns gleich (do es müglich were) alle andere Argument vmbstiessen / die wir etwan darneben/ nicht aus nott / sondern zu mehrer erklerung der Warheit einführen.

Wir wollen aber dieselben Beyargument (wiewol wir deren etliche nicht für die vnsern erkennen) nach einander kurtz besehen/

besehen/ vnd was die Bepstischen für eine Senff darn malen/ darneben anhören.

Erstlich/ wirdt etwan von den vnsern fürgewandt/ weil der Israeliten Sacramenta/ sollen fürbilde vnser Sacrament gewesen sein/ so müsse ja auch in denselben/ etwas gleiches sein. Nu schreibt Paulus/ 1. Corinth. 10. Vnsere Veter haben alle einerley Geistliche speisse gessen/ vnd haben alle einerley Geistlichen tranck getruncken/ sie truncken aber vom geistlichen felse/ der mit folget/ welcher war Christus/ derwegen wolt sichs nicht schicken/ das in der mündtlichen niessung des Sacraments/ welchs durch jennes geistlichs niessen/ zuuor angezeigt worden/ alleine ein essen vñ nicht auch das trinckē solte gehaltē werdē/ sonderlich weil der Herr Christus beydes vnterschiedtlich zuthun/ in einsatzung dieses Sacraments hat befohlen.

1. Schutz des erstē Kegenwurff.

Nu ist diss Argument recht vnd gut/ vnd werdens die Bäpstischen wol müssen bleiben lassen/ Aber lieber Gott/ wie zuengsten sie sich drüber/ ob sie es vmbstossen möch-

n/ vnd bringen viel frembdes
n/ ziehen das gantze Dictum
s leibliche haderwasser. Num.
er Apostel von einem geistli-
der gleubigen Jsraeliten re-
liessen die Lesterer / weil den
das Wasser auss den felsen/
urren Gotte abforderten/ni-
men ist/solt̃ die Lutherischen
men/ das es jnen auch zu kei-
rde gereichen/ das sie der kir-
talt des weins/oder den Kelch
ñ mit murren abdringẽ wollẽ.

Nota.

abermal mein lieber fromer
che grobheit an diesen leuten
nicht können oder vielleicht
den vnterscheidt sehen / zwi-
beyden gar vngleichen dingẽ/
sraeliten mit vngedult vnnd
ott zuuersuchen/ auch in ver-
ner gnedigẽ zusagung/ wasser
üsten forderten. Vnd das die
Christen mit hertzlicher begirde
gen/begeren. Das blut vnsers
hesu Christi nach seinem befehl

Vnterscheidt des Jüdischẽ murrens vnd vnsers Kelchforderns.

vnd

vnd willen/ jhren Glauben damit zuster-cken/ auſs dem Kelche zutrincken. Das man solchen bereitten gehorsam / nach Christi befehl zuthun / Dem vngedüldigen murren der Israeliten sollen verglei-chen/ ist eine rechte Papistische bosheit.

Daran hengen sie diese Lesterliche lü-gen / das sie sagen / Es sey der Kelch im Sacrament keiner Landtschafft nie zu gute komen / die Griechen sein drüber ab-trünnig worden/ das ist nicht war / sie sindt inn diesem stücke bey der ordnung Christi blieben / aber die Römische Bäp-stische Kirche hat dauon Apostatirt. Die Husiten sindt Ketzer dabey worden / die-ses ist auch nicht war / Es werdens auch die Romanisten nicht beweisen können/ das der ein Ketzer sey / Der den Bapst ni-cht für das Heupt der Kirchen helt / vnd der Papisten grewel nicht lobet/ Deutsch-landt ist darüber in vnrath vnd spaltung gerathen / das ist auch nicht war / das solchs vber dem Kelch im Sacrament sich erhaben / sondern der Teuffel hat sunsten/ wie er allemal der lieben kirchen pflegt

Griechē. Husite Deutsche

pflegt zuthun/ sein vnkraut mit vnter geseHet/ das nu vnter den Secten vnd Rotten/ etliche vom Kelch/ Wein vnd Blut des HERRN/ anders denn sichs gebüret/ reden/ Kan vns nicht zugemessen werden/ die wir vns mit offentlicher bekentniss vnserer Lere/ vnd widerlegung aller eingeführeten alten vnnd newen jrthumb/ vnd Corruptelen/ so wol von den Secten vnd Rotten/ als von den Papisten absondern/ Aber das ist auch der redlichen stücke der Bäpstischen eins/ das wie sie alle jhre Schelmstücke/ der Catholischen Kirchen zumessen/ also vns aller Secten vnd Rotten jrthumb aufflegen/ vnd muss alles/ was die Widerteuffer/ Sacramentierer/ vnd andere thun/ Lutherisch heissen/ vnd von der Lutherischen Lehre herkomen/ vngeachtet/ das sie es selbst viel anders wissen.

Redliche stücke der Papisten.

Mutwillige bosheit ists/ das sie sagen/ der Text Pauli sey für sie/ dieweil da stehe/ sie truncken auss dem Felsen/ welcher war Christus/ also trincken wir auch (sprechen sie) vnter der gestalt des

Brots von demselben Christo / vnd dürffen derhalben des Kelchs nicht / vnd geben also die heilosen verführer / abermal nicht achtung/ das Paulus von der Israeliten geistlichen trincken redet/ Die wort aber des Testaments Christi/ein mündtlichs trincken von vns erfordern / Vnd wenn sie jhrer ersten meinung nach/ auffs leibliche essen vnd trincken der Israeliten sehen wolten/ so würden sie sich ja erinnern können / das dieselben das Man besonder gessen / vnd das Wasser auffs dem Felse auch besonder / vnd nicht inn dem Man oder Himmelbrott / da sie das gessen / zugleich mit getruncken haben/. Denn es ist ja ein ander vnterschiedens thun/ Essen/ vnd aber ein anders Trincken/ vnd stehet von einem jeden/ inn der einsatzung des Sacraments/ ein besonder vnterschiedener befehl / vnd wil Christus nicht eines vor das andere / oder an des andern statt/oder in dem andern/ sondern ein jedes besonder gethan haben.

Essen vñ trincken vnterschieden.

Allegoria.

Die Allegoria / wie die Israeliten das Wasser von Mose gefordert haben / vnd

es nicht

s nicht selbst genohmen/ also sollen auch die Leyen den Kelch / bey der Geistlichen Oberkeit mit bescheidenheit fordern/ lass ich passieren. Es sollen aber die Geistlichen / nicht als herschende Herrn vnd Oberkeiten / sondern als diener der Gemeine/ das jenige derselbē auch reichē/ geben/ vnd folgen lassen/ Was der trewe frome Haussvater / derselben/ inn gemeine als seinem gesinde vnd lieben kindern/ zur vnterhaltung vnd trost / an speise vnnd tranck hat verordnet / vnd auszuspenden befohlen/ sollen jhnen nichts dauon entziehen / stelen oder hinderhalten / wie sie denn / als die vngetrewen Haussshalter/ mit dem Kelchverbott/ bissher wider den willen Christi gethan haben.

Ampt der geistlichen.

Der ander vnnd fürnembste Gegenwurff der Euangelischen / damit sie den Brauch vnter beyder gestalt / der gantzen kirche zum besten beweisen vnd erhalten wollen/ ist der das sie kurtz darauff berugen/ Christus habe es also / vnd anders nicht eingesatzt / darumb man auch dabey bleiben müsse.

2. Aussdrückliche einsatzung Christi.

Lügen võ zweyerley gebrauch des Sacramẽts.

Dieses können die Bäpstischen n
leugnen/ Damit sie aber dem einfeltig
ein geplerre für den Augen vnd ohr
machen/ so bringen sie weitgesucht v
gereimpt ding herfür/ vnd liegen das jh
nen der Hals krachen möchte. Sag
das Sacrament habe zween vnterschied
breuche/ das es nemlich solle ein Opff
sein/ darnach eine Communion o
1. aussspendung/ Das ist eine lügen/ de
CHRIstus hat sein leib vnd Blut zu e
sen vnd zutrincken/ vnd nicht zuopffern
im Sacrament vns eingesetzt vnd vbergeben.

Das aber das Sacrificium oder opffe/
2. das Sacraments der fürnembst brau
desselben sey. Ist die ander lüge/ Denn der
HERR Christus mit keinem wort des
opfferns gedencket/ was sie darnach weiter sagen von dreyen dingen/ so zu der sub-
stants eines Sacrificii gehören/ als wan-
delung/ opfferung/ vnd niessung gehöret
nicht hieher/ dieweil das Sacrament kein
solchs opffer ist/ Auch was von Melchi-
sedechs vnd Aarons opffer/ vnzeitig gnug

hieher gefüret wirdt/ solches wirdt vnser Sacrament oder das Testament Christi/ zu keinem opffer noch Missah machen können.

3. Das Christus aber im Abendtmal/ sich selbst vnter Brott vnd Wein/ seinem Himlischen Vater solle geopffert haben/ ist die dritte lügen/ Denn CHRIstus ist nicht zweymal/ sondern einmal für vns geopffert/ Heb. 7. vnd 9. Wirdt auch im gantzen Abendtmal mit keinem wort/ eines solchen opffers/ so dazumal geschehen were/ gedacht.

4. Die vierde gar grobe lügen/ vnd neunfacher jrthumb ist/ das sie sagen/ Christus habe durch die wort/ Hoc facite/ das thut/ den Aposteln vnd jhren nachkomen befohlen vnd aufferlegt/ jhn hinfort teglich zu opffern/ vnd sol Hoc facite so viel gelten. Nachmals solt jhr also sacrificirn zu meiner gedechtniss/ wie jhr jtzt gesehen/ das ich selber vnter den gestalten Brots vnd Weins sacrificirt habe. Lieber Christe/ köndte man auch dem HERRN CHRIsto seine wort erger verkeren/

Hoc facite.

Verkerung der wort Christi.

oder frembder glossen daran schmieren/ denn alhie die Antichristischen Gotteslesterer/ vnverschampt thun dürffen/ vnd
Nota. sich nicht schewen dem wort Noui & aeterni testamenti, ein solch deutsch zugeben/ das es heisse ein newes vnd ewiges opffer. O zur schule/ ja zum Teuffel mit solchen groben Sewtheologen.

5. Verkerung der wort Pauli. Noch gröber ists/ das sie dem Heiligen Paulo seine wort verkeren/ da er sagt/ man solle bey vnnd neben dem essen vnnd Trincken/ inn diesem Sacrament/ den todt des HERRN verkündigen/ sprechen der Apostel habe alda biss an Jüngsten tag/ brot vnd Wein inn der Messe zuopffern geordnet/ dauon auch der Prophete Malachias/ dem Bapst/ zugefallen wider seinen willen muss geweissagt haben/ aber sich viel anders im grunde befindet/ wie denn von denen/ so wider das Gotlose verfluchte Interim geschrieben/ reichlich vnd statlich ist aus geführet worden.

Vber dem opffer dasselbige dem Melchisedech zuuergleichen/ haben sie abermal des mauls nicht acht/ sagen rund

rauss/

aufs/ CHRIstus habe das Sacrament vō Mel
illich/ inn beider gestalt eingesetzt/ Nu chisedech
darumb lassen sie es deñ nicht bey solcher
insatzung bleiben? Solt hie ein gleich-
heit gehalten werden/ so müste man im
Sacrament nicht opffern/ auch den Leyen
den kelch nicht entziehen/ Denn Melchisedech hat Genesis. 14. Brot vnd Wein
herfür getragen/ nicht das ers opfferte/
Sondern das er den Abraham vnnd seine Knechte (Darunter auch Leyen waren) Speisete / trenckete / vnd also nach
der schlacht vnd reise erquickete.

Das ist nu aller erst die gröste lügen/ 6.
das sie schreiben / CHRIstus habe die
beide gestalt nicht vmb der Communi-
on/ sondern allein vmbs opffers willen
eingesatzt/ so doch wie vor offt gesagt/ da
von kein wort / mit all verhanden.

Item/ Christus habe der Leyen vnd ge- 7.
meinen Christen leute/ in einsatzung seines Testaments / im geringsten nicht ge-
dacht/ auch keine Communion für sie verordnet. Nu lieber Gott/ wie komē deñ die
Apostelñ darzu / das sie one des HErrn

Hie solten sie antworten.

Christi ordnung vnd befehl / den
das Sacrament vnter beyder gestalt
reichet haben? Haben sie es aber a
sonderlicher offenbarung / vnd eingeb
des heiligen Geists gethan / was zei
sich denn der Bapst vnnd seine Concili
(die zwar nicht inn Gottes namen /
Aposteln Successores vnd nachkomen s
wollen) das sie derselben fussstapffen
Communion der Leyen nicht folgen / s
dern da gar ein newes vnd eigens mach

Augustinus.

Hie werden sie nu mit S. Augusti
spruch herkomen / die Kirche habe
macht zusetzen / mit was ordnung
das Sacrament niessen solle / etc. Dara
ist aber droben geantwortet / Das S.
gustinus hiemit gar nicht der Kirchen g
walt gibt / die Substantialia vñ den Brauch
im Sacrament zuendern / denn sie dessen
aller dinge keine macht hat.

Kirchenordnungen.

Was aber die Exempel anlanget /
auss gutem rath vnd bedencken / die Kirche in etlichen eusserlichen Ceremonien /
wenn vnd wie man fasten / ob man die
Kindtlin einmal oder zweymal / inn der

Tauffe

Tauffe eintauchen oder vergiessen solle/ etc. vnd in dergleichen stücken/enderung/ vnd ordnung gemachet/ beweiset nicht/ das sie solchs auch im Testament Christi zuthun macht habe/ wie zuuor weitleufftiger aussgeführet worden. Die Ohrenbeichte im Bapsthumb / hat Christus nicht auffgesetzt/ kan auch nicht dargethan werden / das er jemals ein wort dauon gesagt / Die Beichte des Rahts / so wir in vnsern Kirchen vor der Communion im brauch haben/ Ist eine Kirchensatzung / vnd (wie wir die ohne beschwerung der gewissen/ vmb ordnung willen brauchen) der Christlichen Kirchen nicht entgegen / aber darumb kein Sacrament von Christo geboten.

Ohrenbeicht.

Das die Bäpstischen/den spruch Christi auff sich ziehen/wer euch höret der höret mich / kan auch nicht schliessen / das man jnen in allen dingen folgen vnd gleuben müste / denn auch CHRIstus diesen spruch / nicht weiter von seinen eigen Aposteln wil verstanden haben / Denn also fern sie seine lehre vnd seine wort führen/

Wer euch höret/ höret mich.

„ da sol es heissen / Wer euch höret der höret mich / sunst nicht.

Das 6. Capittel Johannis

Gantz verdriesslich ists / das sie die sprüche CHRJsti / Johan. 6. Vom Geistlichen Essen seines Leibes / auff das mündtliche niessen ziehen / vnd denn einführen / Weil in demselben Capittel Johannis / keins Weins noch kelchs gedacht werden / sey es auch one not denselben im Sacrament zureichen / das sie hierinnen wieder jhr eigen gewissen reden / Wissen die Schelcke gar wol / noch dennoch dürffen sie wissentliche jrthumb verfechten.

Vermeinter hauss halter Christi.

Sagen darnach / Christus der habe seinen Getrewen fürsichtigen Diener (ich gleube sie meinen den Bapst) seinem Haussgesinde fürgesetzt / Luce 12. der jhnen jhr bescheiden theil / zu rechter zeit wol geben werde / Dieweil denn derselbe erkenne / das vnter jeder gestalt so viel sey alss vnter beiden / habe er auss beweglichen vrsachen / für gut angesehen / den Kelch ein zustellen / vnnd dem Haussgesinde nur eine gestalt zulassen / Nu vermag warlich solchs der Spruch Luce

nicht /

nicht / Sondern zeigt an / das ein jeder Prediger / seiner zugeordneten Gemein / die geistliche speise / des Göttlichen worts / fleissig vnd trewlich fürtragen solle / aber dem Haussvater sein Testament / oder die ordnung inn ausspendung der testirten güter zu vorendern / hat kein Haushalter weder macht noch befehl. Ampt eines haushalters.

Was ist aber hie not vieles fechtens / ob die Leyen so wol als die Geistlichen / den Kelch im Sacrament trincken sollen / also sagen die verstockten leute selbst / fol. 203. Die Catholische Kirche wüste vormals / ehe sie Melanchthon erkennet / Christus hette beyde gestalt eingesetzt. Er hette sie auch nicht für einen allein / sondern der gantzen kirchen zu gut eingesetzt / Wer hat das je verneinet? etc. Heisset das nicht gnug bekandt? Noch sol nicht drauss folgen / Das die gantze Kirche oder alle Christen / das Sacrament inn beyder gestalt brauchen mögen vnnd sollen / Sondern das sol folgen / ob es gleich der HERR CHRISTVS für die gantze Kirche / das ist für alle Christen hat Bekentniss der Bäpstischen. Nota.

Nota. hat in beyder gestalt eingesetzt / so hat er doch nicht allen Christen in beyder gestalt zubrauchen befohlen / vnd derhalben solle es auch die gantze Kirche nicht in beyder / sondern die Leyen nur in einer gestalt nemen vnd empfahen. Wie kündte doch einer eine Lausige / vnd mehr Papistische / Münchische / Jesuitische / Antichristische Consequents machen / denn diese ist.

Wunderbarlicher beweiss. Wie beweisen sie aber solchs / da hört nur wunder. Sie sagen also / Christus hat wol mehr dinges eingesetzt / vnd folget dennoch nicht drauss / das alle Christen dasselbige anzunehmen vnd zuthun schüldig sindt. Er hat das Apostelampt / den Ehestandt / vnd das Priesterthum eingesatzt / vnd sindt dennoch nicht alle Christen schüldig / Aposteln / Ehelich / vnd Priester zusein / können auch nicht alle sein / Darumb sindt auch alle Christen nicht schuldig / das Sacrament in beyder gestalt / wie es CHRIstus für die gantze Kirche hat eingesetzt / zunehmen.

Hie recket der Grobianus abermal / seine ohren zimlich lang herfür / das die

Ochsen

Ochsen nicht sehen / das ein vnterscheidt ist / zwischen diesen zweyen wercken Gottes. Erstlich / in austeilung der stende / vnd vnterschiedenen ämpter / da Gott nicht alle / zugleich zu einem / sondern einem jeden / zu welchem er wil beruffet / vnnd darnach seines gefallens / die gaben darzu austheilet / da soll vnd muss ein jeder des warten / darzu er beruffen / wer aber den beruff / zu der dingen einen nicht hat / ist auch nicht darzu verbunden. Darnach ists viel ein ander ding / vmb das Testament des Sons Gottes / welchs alle Erben antrifft / darnach sich einer so wol als der ander zuhalten / vnd thet böslich / wer von jhm selbst sich ein Erben rhümen / vnd doch dem Testament nicht gemess leben wolte / viel böslicher aber theten die so jhren miterben / Darumb das dieselben jhnen in eusserlichen stenden vnd wirden / nicht gleich sindt / etwas wolten entziehen / vnd hinderhalten / als die Bäpstischen Gotteslesterischer weise den Kelch / dem gemeinen Christen Leyen stelen vnd rauben / vnd allein denselben / den schandt Hurenpfaffen

Vnterscheidt der ämpter vnd des Testaments

renpfaffen zueigenen / wider alle Götliche vnd Christliche Liebe.

Sie sagen die Tauffe sey von Christo eingesetzt / vnnd dennoch manch fromer Martyrer selig worden / der die Tauffe nicht hat bekomen können / Sehen aber die Blindenleiter nicht / das dieselbē / weil sie die Tauffe nicht haben erlangen können / der sie zweifels on freilich zum hertzlichsten begeret haben / wol für Gott entschüldigt sindt / Gleich wie auch die lieben Christen / denen mañ das Sacrament / wie es Christus eingesatzt / zuempfahen nicht günnen wil / Derhalbē vnuerdampt sein / Ob sie gleich aller dinge / ohne diss Sacrament stürben. Aber der Tauffe / vñ des Sacraments nach rechtem gebrauch / nicht brauchen wollen / da mans wol haben kündte / were nicht eine schlechte sünde / sondern grosser schrecklicher vngehorsam / Abgötterey vnd Zeuberey sünde / wie es die Schrifft nennet / 1. Sam. 15.

Entschüldigung der not.

Vngehorsam.

Das aber der HErr Christus / solte die Papistische Firmung eingesetzt haben / ist auch erlogen. Ich wolt gerne einen klaren befehl des HErrn / auss der

Firmūg.

Schrifft /

Schrifft dauon hören. Wie es denn auch eine offentliche lügen ist / das Christus solt die Opffer Messe haben eingesetzt. Es ist kein wort dran / sie können auch nimmermehr beweisen / vnd ist noch viel erger / das sie sagen / Der Communion halben / so dem Gemeinen Christen volck / sol ausgespendet werden / sey gar kein befehl von Christo geschehen / das heisset ja wol das Sacrament / aus der kirchen geworffen / vnd Paulum lügen gestrafft / der ausdrücklich die Communion beyder gestalt / den Leyen zu Corinth / wie es Christus für die gantze kirche eingesetzt / gegünnet hat / vnd sagt / Er habe es also vom HErrn empfangen / wie ers jhnen gegeben. Die Sewäpte / so den vermeinten gründtlichen Bericht / von der Communion gethan / solten doch zu rücke dencken / das sie selbst bekandt haben. Es sey das Sacrament von Christo / in beyder gestalt eingesatzt worden / für die gantze Kirche. Nu sindt ja die geistlichen (wie mans nennet) nicht alleine die gantze Kirche / es gehören ja trawen auch die

Sacrament für die gantze kirche eingesetzt.

Leyen

Leyen darzu / dieweil denn die einsatzung für die gantze Kirche geschehen / so wird ja je auch der befehl / in derselben einsatzung verleibet. Esset / Trincket / etc. die gantze Kirche betreffen / vnnd die gantze Kirche daran verbunden sein / vnd also die Leyen nicht weniger recht vnd macht haben / auss dem Kelch / des HErrn Blut zutrincken / als eben das Bäpstische Pfaffenvolck / die mit vergessung der Christlichen Liebe / den gemeinen Christen den Kelch entziehen / vnd gewisslich darüber vnwirdig das Sacrament empfahen / wie sie es denn auch vnrecht / vnd wider Gottes ordnung verkereter weise handeln.

Die dritte Einrede der Euangelischen / wider die Bäpstischen / ist die / Christus hat das Sacrament selbst in beider gestalt gereichet / darumb folget man noch heutigs tags / billich demselbē vnbetrieglichen Exempel des HErrn Christi / vnd das ist recht vnd wol geredt / denn die Regel ist recht vnd gewiss / Christi actio nostra est instructio / Christi thun vnd fürbildt ist vnser Lehrbildt / sonderlich inn denen dingen /

3. Christus hat es selbst in beyder gestalt gereichet

Regula.

gen/darinnen er vns seinem Exempel zufolgen hat befohlen/wie wir von jhm singen/ was ich gethan vnd hab vnd gelert/ das soltu thun vnnd lehren/ damit das Reich Gotts werdt gemehrt / zu seinem lob vnd Ehren / Vnd hüt dich für der Menschen gesatz/ dauon verdirbt der edel schatz/ das lass ich dir zur letzte.

Vnd ist abermal gar eine schale einrede/ das vnser widerpart sagt/ Man sey nicht verbunden/ Christo alles nachzuthun/ das wissen wir selbst wol/ wir können nicht auff dem Wasser gehen/ wie er/ vnd andere Göttliche wunderwerck thun/ er begeret es auch nicht von vns/So sind wir auch nicht schüldig/ vns dem Gesetz Mose zu vnterwerffen / wie er gethan/ Denn er ist an vnser statt darunter gewesen/vnd hat vns dauon erlöset vnd gefreyet / So sindt wir auch nicht verpflichtet jhm nachzuthun/ was er vns nicht befohlen/ als in die Wüsten zugehen/ vnd dergleichen. Aber was er vns heisset vnd befihlet/ das sollen wir trewlich vnd fleissig aussrichten / vnd wie solchs zuthun/ an

Was wir Christo nachzuthun verpflichtet.

Worinnen wir Christo zu folgen schüldig.

seinem Exempel lernen/ vnd jhme dar-
nen folgen/ Wie denn solchs vnser widersacher selbst bekennen/ vnd vnser Argument stattlichen mit hellen worten be-
krefftigen/ vnd also sagen. Es hat Christus gewolt/ das wir jhm nachfolgeten

N.B.

in allem/ so gehöret ad essentiam Sacra-
mentorum. Welches die Kirchenlehrer
nennen Materiam vnd Formam/ Nu
fodert seine einsatzung/ das man Brot
vnd Wein/ in handelung dieses Sacraments brauchen solle/ Darinnen er vns
seinen Leib vnd sein blut austeilen wolle/
Das ist die Materia. Die Forma aber ist/
das man das brot/ vnd damit den Leib des
HErrn essen/ desgleichen in sonderheit
darneben den Wein/ vnd damit das Blut
CHRJsti aus dem Kelche trincken solle.
Hierinnen wil der gütige HERR/ das
wir jhm/ wie ers selbst ausgetheilet/ fol-
gen/ vnd Materiam vnd Formam behalten
sollen. Heisset aber das Materiam behal-
ten/ do man den Wein/ vnd vnter demselben das Blut Christi/ dem Christlichen
Volck auszutheilen vnterlesset? Heisset

Siehe wie fein die Papisten jhre eigen Regel haltẽ

das formam behalten / da man das Blut CHRIsti / nicht auss dem Kelch zu trincken reichet / sondern im Brott essen heisset / da man an statt beyder gestalt eine alleine handelt.

Guter fromer Christ / vrtheile alhie auss der Bäpstischen selbst eigener gegebener Regel / ob sie nicht von der einsatzung des HERRN Christi gar abgewichen / vnnd inn einem gantz verkereten Sinn dahin gegeben sindt. Erkenne nu selbs / ob nicht wir den rechten brauch des Sacraments haben / vnd sie dagegen eitel missbrauch vnd jrthumb eingeführet / die sie noch rechtfertigen wollen / sagen mit lauterm vngrunde / Christus wolle / das der Priester im Ampt der Heiligen Messe / zwo gestalt handeln / vnd wandeln solle / Das heisse denn Materiam vnd Formam Sacramenti behalten / Wie solchs Christus zu thun befohlen vnd eingesatzt habe / So doch inn der einsatzung des Sacraments hieuon gar kein befehl verhanden / auch sonderlich geweiheter Priester / Messen / handeln vnnd wandeln /

Vngründe der Papisten.

mit keinem wort gedacht wirdt / auch dazumal von diesen worten niemandt jchts
gewust/ viel weniger solche dinge/ jemals
bekandt gewesen.

Ceremonien bey handelung des Sacraments.

Was sie von andern Ceremonien (so
bey handelung des Sacraments/ die Kirche ordnen mag) abermal repetirn/ ist zu-
vorn angezeigt/ das dieselben der Materie
vnd Forme nichts benehmen sollen. Jhre
spötterey/ was man alles thun müste/ wenn
man Christo in handelung des Abendt-
mals/ aller dinge nachfolgen wolte / lassen wir passieren / sie werdens dermal
eins wol innen werden / wes sie in diesem
Sacrament gespottet haben.

Auff die befehl wort zu sehen.

Do wir vns auch auff das Exempel
Christi/ in der Communion beruffen/ sehen wir nicht eigentlich auff die wort. Jch
habe euch ein Exempel gegeben/ auff das
wie ich euch gethan habe/ jr einander auch
thut / welchs Christus fürnemlich auff
die liebe/ so ein Christ dem andern schüldig ist/ (deren er durch das fuswaschen/
jhnen ein Exempel geben hette) wil verstanden haben/ sondern wir sehen auff die

gemei-

gemeinen befehl wort/ an die gantze Kirche. Nemet vnd Esset. Nemet vnd trincket / das thut zu meinem gedechtniss.

Das gestehen wir den Bäpstischen gar nicht/ das Christus solle das Sacrament allein für die Priester eingesetzt/ vnd durch die wort Hoc facite / das thut / die Apostelu zu Priester geweihet haben/ denn die wort (für euch gegeben/ vnd für euch vergossen) gehen die gantze Christenheit an/ So waren die Apostelu dazumal für andern Christen / vnd gleubigen deren etlich freilich dieses Nachtmals auch mit genossen haben/ nicht sonderlich geölet/vnd zu Pfaffen gemacht. Es bringets auch das wort Hoc facite / in keiner sprache mit sich/ das es so viel solte gelten/ als sey Pfaffe oder Priester.

Ob Hoc facite/ heisse sey Pfaffe.

Das aller heilosest ding an vnsern widersachern/ist dieses/ das sie gar nicht die Befehl wort des HErrn Christi / in diesem Sacrament sehen wollen/ darzu sich auch nicht gedencken / in demselben nach seinem Exempel zurichten / vnd fahren doch darneben zu/ dichten/vnd treiben ei-

Verachtung des rechten befehls.

 nen an-

Erdich- tũg eines andern befehls. nen andern befehl / vom Opffern doch CHRIstus mit keinem wort dacht / Lassen diß Exempel stehen / das Sacrament inn beyder gestalt / wie es CHRIstus selbst außgeteilet zureichen / vnnd vnterwinden sich seinem Exempel nach / ausser dem Ehestande / keusch zu leben / Item / viertzig tage zufasten / vnd newe Sacramenta einzusetzen / des sie doch kein befehl / macht noch vermö- gen haben / Vnd sind als die Bepstische / die aller verkeretestẽ leute vnter der Son-

Nota. nen / derer blindtheit / hundertmal grösser vnnd erger ist / Denn der Türcken vnd Heiden.

4. Vom 6. Capittel Johannis. Der vierde Gegenwurff gehet vns nichts an / denn wir Lutherischen / das Sechste Capittel Johannis / nicht auff die Sacramentliche noch mündliche nies- sung / des Leibs vnd bluts CHRIsti zie- hen / wissen auch wol / das der HERR Christus / am selbẽ ort alleine vom Geist- lichen essen vnd trincken / seines Leibs vnd Bluts redet / welchs auch wol ausser dem Sacrament / in gleubigem gehör vnd be-

trach-

trachtung des Göttlichen worts kan geschehen/ wie vns denn auch die widersacher selbst/ dieses orts entschüldigen/ vnd bekennen/ das sie dieses gegenwürffs halben/ mit den Lutherischen nicht zuthun haben.

Doch sol man wissen/ das beyde die Hussiten/ vnd auch andere gute Veter vnd lehrer/ nicht böser meinung/ das 6. Capittel Johannis/ bisweilen auff das Sacrament gezogen haben/ denn weil one das Geistliche essen vnd trincken/ der Leib vnd blut CHRJsti/ im Sacrament zum gericht genohmen wird/ haben sie also mit den worten des HERRN CHRJsti/ menniglich erinnern wollen/ inn empfahung des hochwirdigen Sacraments/ ja zu förderst/ vnd für allen dingen/ der geistlichen niessung am meisten war zunehmen.

Wie/ vnd worumb das 6. Cap. Johannis etwan auffs Sacrament gezogen.

Darneben muss ich gleichwol etliche stücke anzeigen/ damit die Bäpstischen/ inn Verlegung des vierden Gegenwurffs/ jhren vnuerstandt/ oder viel mehr verstockete bosheit/ nur mehr denn zu grob an tag geben / Denn ist das nicht ein gar vnbedachte rede/das sie schreiben dürffen. (fol. 218.) Es sey das nicht der rechte sinn vnd verstandt der schrifft/ den der Buchstab mit sich bringet / sondern der / welcher dem heiligen Geist am besten gefellet/ den er auſs dem Buchstaben wil geschepffet haben / vnd das sey eben der verstandt/ den die allgemeine Christliche Kirche habe/vnd schliessen denn darauff. Man müsse die Schrifft nicht verstehen/ wie sie an jhr selbst lautet/sondern/wie sie die Bäpste / Veter vnd Concilien deuten/wen̄ es auch gleich stracks dem Buchstabe zu wider were/ so sol mans doch annehmen.

Bäpstische meinung võ verstand der schrifft.

Nu siehe doch geliebter Christe/ Ob das nicht gantz verkerete leute/ vnd grewliche Gotteslesterer sein/ wider sich selbst schreiben sie/ der verstandt der Schrifft/ den der Buchstabe mit sich bringe / sey nicht allezeit recht/ vnd dennoch solle man den rechten verstandt/ nach des heiligen Geistes willen/ auſs dem Buchstaben nemen/ Beydes kan es nicht war sein / wir

Verkeretes thun der Papisten.

haltens

haltens mit dem letzten / das man keinen frembden verstandt / in die Schrifft führen / sondern die Schrifft also verstehen solle / wie sie der heilige Geist wil verstanden haben / was aber sein wille vnd meinung sey / das bringen die wort mit / die hat er darumb also klar vnd deuttlich geredt / vnd schreiben lassen / das man seine meinung darauß vernehmen köndte / vnd were Gott eine grosse vnehre / das man sagen wolte / Er hette anders geredt / denn ers gemeinet / wort vnd sinn der Schrifft stimmeten nicht miteinander vberein. Item / Man müste nicht bey den klaren worten bleiben / sondern viel einen andern sinn suchen.

Wie die Schrifft zuuerstehen.

Wir lassen das zu / das die Christliche Kirche / den rechten verstandt der schrifft habe. Aber das solcher verstandt / wider den Buchstab sein solte / gestehen wir nicht / so befindet sichs auch bey allen Christlichen Lehrern / das sie die Glaubens Artickel / nicht mit vermutung / oder angemastem verstande / sondern mit klaren hellen sprüchen der Schrifft beweiset haben / die

Buchstaben bringen jhrē verstand mit sich.

ben / die man / wie sie nach dem Bu
ben lauten / vnd nach dem verstande
die Buchstaben geben / annehmen mu
wie wolt man sunst der Schrifft / vnd
Religion gewiss werden / wenn man an
dern verstandt aller erst suchen solte / de
der Text an jhm selbst mitbringet.

Fürwurff der Papisten.

Die Exempel aber / so die Bäpsti
einführen / So von den Ketzern zu be
nung jhrer jrthumb angezogen wo
oder noch wol von jemandts / in miss
standt möchten gezogen werden / Ja
das die wort Christi / ergert dich dein
ge / so reiss es auss / vnd wirff es vo
etc. nicht müssen also fleischlich vers
den werden / wie sie lauten / kan nich
weisen / das man darumb der Sch
einen andern verstandt / denn der B
stab mit sich bringet / geben müste / d
der Buchstab verleuret darumb nich
nen rechten natürlichen verstandt / d
Proprietatem cuiuslibet linguæ / vnd bi
weilen Schemata in sich hat / Das ist / der
Buchstab behelt / vnd führet die eigen
schafften der sprachen / inn welcher er ge

Schemata.

schri

schrieben wirdt/ vnd das offt mit schönen verblümeten reden/ die doch jren verstandt geben/ vnd mit sich bringen/ vnd durch anderer dinge eigenschafften/ gleicher gestalt/ doch in seiner masse/ von denen dingē darauff sie gezogen werden/ wollen verstanden sein/ das nu die Ketzer aus bosheit vnd mutwillen/ oder aus vnuerstandt der sprachen/ der Schrifft misbrauchen/ oder das der buchstab/ nicht für das Bapsthumb sein wil/ schleusset darumb nicht/ Das man der Schrifft einen andern verstandt geben müste. Wenn ich sage/ die Meister so den gründtlichen Bericht von der Communion (zu München gedrucket) gemachet haben/ sindt grobe Esel/ vnuernünfftige Ochsen/ vnd vnfletige Sewe/ so bringen die wort vnd Buchstaben/ den verstandt selbst mit sich/ vnd ist nicht der verstandt/ Das dieselbigen gesellen eben so lange Ohren/ als die Esel für der Mülen/ vnd solche Hörner/ wie die Ochsen an der Weide/ auch einen solchen rüssel/ wie die Sew auffm Koben haben müsten/ wer es auch also wolte verstehen/ druckete mir den Buchstaben Nota.

Art deutscher sprachen.

wider seinen natürlichen verstandt / Denn die art der Deudschen sprache bringet mit sich / das man einen vnuorstendigen Menschen / einen Esel / ochsen oder Saw nennet. Vnd ist demnach der rechte natürliche verstandt / fürgesetzter meiner wort / das die meister des vermeinten berichts / Ja so wenig rechtschaffens verstehen in der heiligen Schrifft / als der aller gröbste Esel oder Ochss / vnd doch gleichwol ohne verstandt darinnen wülen / wie die Saw ins Rübenacker / vnd das solchs war sey / beweiset das offentliche werck.

Daher siehet man auch / das es eine zugenötigt Calumnia ist / das sie schreiben / der natürliche verstandt des Buchstabens / in den worten Christi / Johan. 6. "Wo ihr nicht werdet mein fleisch essen / etc. sey der / Wo jhr es nicht mit zeenen werdet zerbeissen / vnd durch den Halss in Magen schlicken / etc. Da siehest vnd hörest du fromer Leser / wo die gröbste Sew im Lande zu Beyern zufinden / Sie thun Christo vnd Johanni vnrecht / Sie haben sich

Papisten rechte grobe Sewe.

ben sich beyde in reden vnd schreiben/ also verwaret / das man ein solchen fleischlichen verstandt/dem Buchstaben des orts nicht kan zumessen/man wolts denn mutwillig wider gewissen thun.

Wir vnd alle Christliche Lerer/sagen/ das die Christen durch den glauben von Gott empfahen/ vnd annehmen die Himlischen geistlichen güter / vnd durch oder im Glauben an das wort Christi / Leib vnd Blut geistlich essen vnd trincken/ vnd dafür hinforder/ Gott zu lieben schüldig sindt/ Diese newe Meister aber schreiben/ man niesse vnd empfahe den Leib vnd das Blut Christi / beyde Geistlich vnd Sacramentlich/ durch die Liebe/ das ist abermal eine newe art zureden/ der gantzen Schrifft vnbreuchlich vnd vnbekandt/ wie auch diese reden/ das Blut CHRJsti wirdt so wol vnd leichte vnter der gestalt des Brots getruncken / als das fleisch Christi/ vnter der gestalt des Weins gessen/ wer hat solchs je mehr gehöret? oder wo hat Christus sein Sacrament also zubrauchen befohlen?

Geistliche essen vnd trincken.

Newe art zureden.

Sum-

Summa was sie sich gleich zuengsten vnd zermartern / können sie doch jhren Kelchraub nicht beweisen / noch gut machen/ vñ ist ohne not jr langes geschwetz/ dieses orts weiter zuwiderlegē/ sintemal/ Wie vor gesagt/ wir doch selbst nicht das sechste Capitel Johannis / zu dieser Disputation ziehen.

5. Christus befiblet bey dem Kelche Solchs thut/etc.

Der Fünffte Gegenwurff / wider die Kelchdieberey der Papisten ist/ das wir sagē/ Christus hat bey einsetzung des Kelchs/ eben so wol den befehel geben / Das thut zu meinem gedechtnis / als bey der gestalt des Brots/ derwegen sindt die gleubigen/ in empfahung des Kelchs / diesen befehl zufolgen/ ja so schüldig/ als dem ersten in der gestalt des Brotts/ Vnd kan derwegen das Sacrament in einer gestalt alleine/ mit gutem gewissen / vnd ohne vbertretung Göttliches Gebots / nicht empfangen werden.

Was wollen doch die armen elenden blindenleitter / vnd leut verführer hie wider auffbringen? Wenn die sache nicht so hoch vnd gros were / so möchte

dieser

dieser Fastnachts narren / in widersprechung dieses gegenwurffs wol lachen/denn höre nur wunder / Mit vnuerschampter Hurenstirn/ dürffen sie leugnen/das diese wort (Hoc facite / das thut) alle Christen angehen / sagen nein darzu / denn CHRIstus habe da alleine mit seinen Aposteln zuthun gehabt. Aber höre noch weiter / Sie sprechen noch darzu / das wort (Solchs thut) sey auch nicht vom essen vnd trincken geredt noch gemeinet. Lieber so sage an / wo von wil sie denn der HERR CHRIstus verstanden haben? Vom Sacrificirn/ sagen sie/ Denn Christus habe durch diese wort/ Hoc facite / die Aposteln zu Priestern gemachet / vnd jhnen dreyfaltigen gewalt gegeben / Nemlich Brott vnd Wein zu wandeln / vnd darnach zu opffern / vnd letzlich für sich vnd andere auszuspenden.

Bäpstische auslegung der wort Hoc facite.

Siehe da fromer trewer Christe / da hastu ein Exempel der Bäpstischen Regel / das man nicht bey dem Buchstaben der Schrifft vnd worten Christi bleiben/ sondern

Nota.

sondern denselben gar einen andern verstandt geben müsse/ das können die Bapstischen für Meister/ vnd noch findet man leute/ die sich nicht schemen/ solche Sinnreiche Lehrer/ grobe Esel/ Ochsen vnd Sewe zunennen.

Vrsach dieser verkerung.

Die vrsach/ worumb sie den worten (das thut) einen solchen weitgesucheten verstandt geben/ zeigen sie selbst an/ vnd sagen/ wenn man diese wort nicht also verstehen wolte/ so kündte man auss der gantzen Bibel/ nicht einen einigen spruch herfür bringē/ damit man beweisen kündte/ das Christus den Aposteln/ vnd den Pfaffen im Bapsthumb zu consecrieren befohlen habe. Das ist gewisslich war/ das jhre Papistische Consecration (wie sie die verstehen/ vnd halten) auss Gottes wort/ nimmermehr kan bewiesen werden/ auss diesen worten/ ja so wenig als auss andern/ was ists auch not? oder wie ists müglich/ falsche Lehre vnd jrthumb auss Gottes wort zubeweisen/ vnd zubestetigen? Vnd müste man darumb den worten Christi/ einen andern verstandt

Papistische Consecration

wider

wider jhre natürliche eigenschafft geben? Aber lieber Christ / was wolten doch die Bäpstischen von alle jhrem thun / die einfaltigen vberreden / wenn sie bey dem Text der Schrifft bleiben / vnd nicht frembden vngereimpten verstandt einführen würden?

Ey sagen sie / dieser verstandt ist nicht frembd / denn Facere heisset auff Hebraisch Sacrificirn oder opffern / vnd so hat es auch Virgilius gebraucht / Cum faciam vitula, &c. was thut aber das hieher / Die Euangelisten haben nicht Hebraisch noch Latinisch / sondern Griechisch geschrieben / Vnd do der HErr Christus Gleich in Hebraischer sprache ein solchs wort geredt hette / das Sacrificirn oder opffern hiesse / so würden beyde Lucas vnnd Paulus also getrewe gewesen sein / vnd auch ein solchs wort im Griechischen gesetzt haben / das auff opffern vnd Sacrificirn eigentlich kündte verstanden werden. Nu setzen sie aber beyde das wort ποιεῖτε / Welchs bey allen Griechen kein mal / an keinem ort / Sacrificirn oder opffern heisset / auch

Facere pro sacrificare.

set/ auch niemals in demselben verstand gebraucht worden / Weil es denn ein befehl wort ist / das was Christus vom essen vnd trincken/ seins Leibs vnd Bluts befohlen / ausszurichten / haben es die Interpretes Facite/das thut/recht vnd wol verdolmetscht / können derhalben die Bäpstischen/mit diesem lausigen lappenwerck/auss dem Virgilio gar nicht bestehen.

Merck die Bäpsischẽ wider sich selbst.

Das sol man auch mercken / das die Meister sich selbst redtlich versteigen/ vnd sagen/Der HERR habe wollen/ein gantz volkomens Sacrament im Abendtmal einsetzen / vnd in beyder gestalt allen Aposteln reichen/ damit nicht diese zweene jrthumb entstunden. Erstlich/als müste man den Leyen alleine die gestalt des Brots / vnd sonst anders nichts reichen. Darnach als müste/vnd möchte allein der Priester so consecrirt/ beyde gestalt brots vnd Weins niessen / vnd sonst niemandt. Siehe da / Hatt Christus solchs inn der einsatzung dieses Sacraments vorhüten wollen/ worumb haben denn die Bäpstischen/

schen/ beyde jrthumb eingeführet? worumb halten sie darob/ vnd verteidigen sie so steiff? Vnd sagen selbst kein Catholicus werde solche jrthumb billichen oder loben. Nu haltens die Bäpstischen für keine jrthumb/ sondern für recht vnd wolgethan/ loben vnd billichen sie/ Derhalben sindt sie auch nicht Catholici/ Sondern widerchristen/ auss jhrem eigen munde vberweiset. Nota.

Also ist das auch war von jnen geredt/ das Christus durch die wort/ Hoc facite/ das thut/ keinem menschen macht geben hat/ nach seinem Exempel/ Sacramenta/ zustifften vnd einzusetzen. Er hat aber auch warlich niemandt damit erleubet/ sein wolgeordnets Sacrament zu endern/ oder etwas daran zu meistern/ viel weniger ein opffer darauss zumachen/ sondern mit den worten (das thut) wil er das man nach seiner ordnung vnd befehl/ seinen waren leib inn oder mit dem Brott essen/ vnd sein Blut auss dem Kelche Trincken sol. Dat thut

Es mögen andere diese wort gedeutet

vnd verstanden haben / wie sie gewolt / so bringts doch der Text mit allen vmbstenden klerlich / das die wort / Das thut / auff das Essen vnd Trincken gehen / vnd von nichts anders können / noch wollen / noch sollen verstanden werden / vnd ob gleich alda den Bäpstischen Priestern nicht befohlen worden / (wie sie sagen) das Sacrament ausszuspenden / so wirdt es doch allen Christen zunehmen befohlen.

Damit aber die Messpfaffen / nicht dafür angesehen würden / als reicheten sie den Leyen das Sacrament inn einer gestalt / ohne Gottes befehl / dieweil sie keinen befehl / bey der einsatzung wissen wollen / führen sie einen andern spruch daher /

Reim dich.

" 1. Pet. 4. Ein jglicher diene dem andern /
" mit der gabe die er empfangen hat / als die
" guten Haussphalter / der mancherley gnaden Gottes. Das muss so viel gelten / als / haltet Messe jhr beschorenen Pfaffen / vnd gebt den Leyen halb Sacrament / das ander behalt für euch gar.

Sie können nicht leugnen / das die einsatzung die gantze Kirche betreffe / vnnd wollen doch nicht gestehen / das der befehl / wie dieses eingesetzt Sacrament zugebrauchen / die gantze Christenheit angehen / vnd belangen solle / Das heisset ja meine ich / GOTtes wort vnd ordnung trennen. Gehet das Hoc facite / Solchs thut / nicht alle Christen an / so gehet sie auch nicht an das Bibite noch das Edite / weder das Trincken noch das Essen. Zweyer stücke haben die Bäpstler die Gemeinen Christen beraubet / vnd sie vom Facite vnd Bibite ausgeschlossen. O wie gern wolten sie jhnen auch das Comedite abschneiten. Das heisset die Schefflin CHRIsti / trewlich gemeinet vnd wol geweidet.

Gottes-diebe.

Sie sagen / das Facite gehe allein die Aposteln an / vnd niemandts mehr / gleich wie auch das Accipite, Manducate Bibite / vnd andere wort mehr / die CHRIstus zuuor vnd hernach geredt hat / Denn sie stehen alle in secunda Persona / vnd nicht in tertia. Accipiant, Edant, Bibant, Faciant, &c. Wenn denn Facere Sacrificare heisset / vnd der befehl allein die Aposteln betrifft /

Affenspiel mit der secunda persona.

wo den Teuffel komen denn die Papisti-schen Pfaffen darzu / das sie sacrificirn / das jhnen doch nicht befohlen ist? Vnd gehet vns das nicht an / was Christus in secunda persona geredt hat / so haben wir vns des viertzehenden / funfftzehenden vnd 16. Capittel Johannis / vnnd was der HERR Christus / nach seiner frölichen Aufferstehung / mit seinen Jüngern geredt hat / gar nichts zu getrösten / So wil warlich die arme Christenheit vbel dran sein.

Es verdreusset die Bapstsfuchsschwe-tzer trefflich vbel / das man die sprüche so Christus von S. Petro / vnd andern Aposteln vnd Christlichen Lehrern geredt hat / nicht auch wil vom Bapst vnd seinen Oelgötzen verstehen / vnd als weren dieselben eben so wol damit gemeinet / gelten lassen / als Lucæ. 22. Ich habe für dich gebeten / das dein Glaube nicht auffhöre. Vnd Lucæ. 10. Wer euch höret der höret mich. Item / Johan. 16. Der Geist wirdt euch alles lehren / etc. Ja sagen sie / weil die Lutherischen hie die secundam

perso-

personam nicht wollen weiter gelten lassen/ denn das alleine die Aposteln dadurch sollen gemeinet sein/ So sol jnē auch nicht zugelassen werden / die wort / Nemet/ Esset/ Trincket/ Das thut jhr/ etc. weiter denn allein auff die Aposteln zuziehen. Nu lieben Bepstler/ machets nur wie jhr selber wolt/ so werdet jhr vns gleichwol/ die Gemeinen befehel vnd verheissungen Christi/ nicht einspannen können ewres gefallens / Denn wir wissen wol wie ferne sich die erstrecken/ vnd wen sie betreffen/ ob jhr gleich solche befehel freuentlich vbertrettet/ vnd darüber der verheissung entraten müsset / darzu des rhumes/ den CHRJstus seinen Jüngern gibt/ wenig anmassen könnet.

Summa/ es ist eitel vnnütz geschwetz/ was die Bäpstischen Schmarotzer fürbringen / alles aus falschem/ vnd auffgedrungenem vnrechten verstandt der wort/ Hoc facite / Das thut hergeflossen / mit Lügen vnnd Calumnien gespicket / vnnd ist offentliche Vnwarheit/.

Lügen von der wandelung.

das Christus im Sacrament einigerley gewalt oder macht/ jemandt geben habe/ die Element zuwandeln / vnd derselben wesen in ein anders zuendern/ Kein einigs wort der einsatzung vermag solchs / sondern der frome trewe Heilandt JHEsus CHRIstus / hat sein Leib vnd Blut/ zum gewissen pfande vnnd versicherung seiner Göttlichen hulde/ gnadt vnd liebe/ seiner gantzen Christenheit testirt/ geschenckt vnd vbergeben / vnd wil das solche seine Christliche Kirche / dieselben testirte vnd vermachete güter / durch die diener des worts allen so es begeren/ inn diesem Sacrament/ mit oder vnter dem Brott vnd Wein aussspenden oder aussteilen soll / das werden vnd können die widersacher nicht leugnen/ Ja sie schreiben selbst / fol. 246. Christus habe das Testament/ seins Leibs vnd Bluts aller Welt zu Troste eingesetzet / was sie nu sunst dagegen einmengen / vns bey andern verdacht zumachen/ als giengen wir mit dem Hochwirdigen Sacrament/ vnordentlich vnd vngebürlich vmb / oder

Calumniæ.

hetten

hetten doch vnser ordnung (das die im Ampt sindt/vnd nicht ohne vnterscheidt ein jeder dasselbige handeln sol) entweder keinen grundt/ oder derselben/ vnsern eigen verstandt der wort (das Thut) zuwider/ Dieweil wir die befehls wort/ auff die gantze Kirchen vnd alle Christen ziehen/ sindt eitel Calumnien/vnd lesterliche verkerung. Damit sich billich solche Buben kutzeln vnd ergetzen sollen/ als die nicht werdt sindt/ etwas warhafftiges zu reden vnd zuschreiben. Wie sie sich denn weidlich inn die Backen hawen/Sprechen der Befehl (Trincket alle darauss) betreffe allein die Aposteln/die dazumal zuentgegen gewesen/ Wer hat denn jhren Messpfaffen befohlen/ den Kelch zu trincken/ so sie doch nicht bey dem Abendtmal/ da Christus diese wort redet/ (Trincket alle darauss) gewesen sindt? Nota.

Blindt/ tolle/ töricht/ verstockt vnd vnsinnig sind sie/das sie leugnen dürffen/ Die wort (das thut zu meinem gedechtniss/) gehören nicht zum Kelch/oder zum Trincken auss dem Kelch/ so sie doch Blindtheit der Papisten

Paulus deutlich darzu setzet/ wie er es von dem HERRN empfangen hette/ vnd schreibt also. Desselben gleichen (nam der HERR JHEsus) auch den Kelch/ nach dem Abendtmal vnd sprach/ dieser Kelch ist das newe Testament inn meinem Blut/ solchs thut so offt jhrs trincket/ zu meinem gedechtnis.

Schale glossa.

Hie machen sie aber eine solche glosse/ als solte des Apostels meinung sein/ man sey den Kelche nicht allewege zutrincken schüldig/ sondern wenn jhn der Priester als ein Kirchendiener trincket/ so sol er als denn denselben auch consecrirn vnnd opffern/ zur gedechtnis des leidens Christi/ das also das wort/ das thut/ nicht auffs trincken/ noch auff den Kelch/ sondern nur auffs opffern/ vnd das gedechtnis sol gezogen werden. Sindt mir das nicht feine außleger der wort/ Pauli vnd heiliger Schrifft? Vnd das könne (sagen sie) ein jeder erkennen/ der nur halben verstandt brauchen wolle/ vnd das gleube ich selbst. Denn wo rechter vnd gantzer verstandt ist/ wirdt mans viel anders ansehen.

Nota.

Der Sechste Gegenwurff / stimmet mit dem Andern vberein / vnd ist der / das wir sagen. Dieweil Christus aussdrücklich alle auss dem Kelch hat heissen Trincken / niemandts mit alle aussgeschlossen / so solle man es auch bey solchem klaren wort Gottes bleiben lassen / demselben nichts abbrechen / noch durch menschen tandt / wider solchen allgemeinen befehl Christi / die Leyen des Kelchs berauben. 6. Dem befehl Christi sol mā nichts abbrechen.

Dieses ist je war / vñ auss vorgehendem bericht gewiss vñ offenbar / noch dürffens die Bäpstischen ein lügen heissen / woltens auch gerne vmbstossen / vnd machen derhalben dawider ein solch geschwetz vnnd froschgeköke / das sie darüber zu keinem endtlichen noch gründtlichen beschluss nicht komen können / sperren nur den leuten das maul auff / dieselben von den worten Christi / auff jhr eigen gutdüncken zuführen / vnd kostet sie viel wort vnd vmbschweiff / dagegē die warheit / in kurtzen vñ wenig worten mechtig vñ krefftig bestehet.

Sie setzen dreyerley vnterscheidt der wort CHRISTI / als das er etliche

zu sei-

Vnterscheidt der reden Christi.

zu seinen Aposteln alleine / etlich zu vnd von denselben vnd jhre nachfolger alleine / etliche aber zu vnd von jhnen vnnd allen Christen inn gemeine geredt habe / das lassen wir in seinem werdt bleiben. Ohne das wir nicht zugeben / das die Bäpstischen Bischoffe vnnd Pfaffen / der Aposteln nachkomen vnd Successores legitimi sein solten / denn die widerwertigkeit beyde der Lehre vnd des lebens / leidet solchs gar in keinē wege nicht. Wie ich im Büchlin / Contrafet / des Bapsthumbs nach der lenge beweiset habe / Es wil auch die vorgesatzte new erfundene Regel / von der Secunda persona / Das damit der HERR alleine die Aposteln gemeinet habe / hie nicht platz behalten / Wenn die wort Estote parati / etc. Matth. 24. Seidt bereidt / vnd Vigilate / Marci. 13. etc. nicht allein den Aposteln / sondern allen Christen in Gemein sollen gesagt sein / vnd sindt die Papisten hie wider sich selbst / Denn gehet die Secunda persona / nach der vorigen Regel alleine die Aposteln an / da CHRIstus sagt / Edite, Bibite / so ist die frage /

Bäpstischen sind nicht Successores der Aposteln

Frage.

aus

auß wasserley gewalt oder befehl denn
die Pfaffen vnd Münche im Bapstumb/
den Kelch trincken/ dieweil sie ja nicht die
Aposteln sindt/ vnd auch sunst keinen andern befehl aufflegen können/ Erstrecket
sich aber der befehl/ Edite, Bibite. Esset vnd
trincket etwas weiter/ nach jhrer jtzge-
dachter Differents/ nicht wie sie die mit
worten setzen/ sondern im brauch haben/
wider die vorige Regel/ Nemlich nicht
auff die Apostelm alleine/ vnd doch auch
nicht auff alle Christen in gemeine/ sondern auff die Successores der Apostelm.
Ist ist abermal ein zwiffach frage. Erst- 1. Zwiffache frage
lich/ worumb sie die vermeinten Geist-
lichen/ im Bapsthumb des Kelchs ge-
brauchen/ so sie doch der Apostelm Successores nicht sindt/ denn sie denselben weder in der Lere noch im leben nachfolgen/
Darnach da sie es gleich weren/ (das doch 2.
nicht sein kan) worumb sie denn den befehl im Sacrament trennen vnd theilen/
vnd dar zu den Leyen den Leib des HErrn
zu essen reichen/ den Kelch aber hinder
halten/ So sie doch außdrücklich sagen/
Es sey

Es sey gnungsam erwiesen / das dise wort / Nemet vnd Esset / allein den Aposteln gesagt sein / wende vnd lege es nu wie du wilt / so findestu die Bäpstischen mit einem solchen schwindelgeist besessen / das sie nicht für vber können / weil sie der Warheit widersprechen / vnd die lügen verfechten wollen / müssen sie sich selbst in die Backen hawen.

Ob das Sacrament für die zwelffe alleine sey eingesetzt.

Ists nicht ein wunder ding / als sie durch viel bletter / jhnen das Duodecim / Christus habe mit seinen zwelff Jüngern allein / das nachtmal gehalten / vnd niemandts mehr dabey haben wollen / jhres bedünckens zimlich nütze gemachet / vnd daraus geschlossen. Es gehe das Accipite Manducate, Bibite, Facite. Nemet / Esset Trincket / das thut / niemandts mehr denn alleine die Aposteln / ja eben nur die Zwelffe an / also das sich niemandts dieses befehels anzunehmen habe / denn die Zwelffe alleine / Schliessen sie letzlich / das sich das Facere mit seinen krefften vnd begrieff / biss an das Ende der Welt hinauſs erſtrecken ſolle. Nu werden in dem wort Facite / das thůt / (wie ſie davon reden) nicht allein begriffen / das handeln vnd reichen des Sacraments / ſondern auch das Nehmen / Eſſen vnnd Trincken / ſoll nu ſolchs alles bleiben / vnd weeren biſs an das ende der Welt / ſo muſs je CHRIſtus das Sacrament nicht alleine für die Zwelffe eingeſetzt / ja auch nicht die wort (Nehmet / Eſſet / Trincket / das Thůt /) der meinung zu jhnen geredt haben / Das die nicht auch andere / ja alle Chriſten biſs ans ende der Welt / hetten betreffen ſollen / Denn es ſtehet ja je klar im Mattheo / Trincket alle darauſs / Das iſt mein Blut des newen Teſtaments / Welchs vergoſſen wirdt für viele / zur vergebung der Sünden / Worumb ſolten denn die Apoſteln / oder auch die Prieſter alleine / vnd nicht auch dieſe viele / ja alle für die es vergoſſen worden / die ſich auch der erlangeten vergebung der Sünden tröſten / aus dem kelch des HErrn Blut trincken / dieweil

dieweil sie ja ohne alle einrede/ zu diesem Testament gehören/ welchs der HERR Christus (wie die Papisten selbst bekennen müssen) nicht für die Aposteln vnd Priester alleine/ sondern für die gantze allgemeine Christenheit eingesetzt hat. Mit was ehren vnd gewissen kündt vnd wolt man denn/ den grössern theil der Erben/ dieses Testirten guts der Helffte/ als nemlich des Kelchs/ vnd inn demselben des Bluts Christi berauben?

Widerwertige reden.

Hie siehet der günstige Leser abermal/ welche widerwertige reden das sind/ Christus hat sein Sacrament für die gantz allgemeine Kirchen eingesetzt. Vnd Christus hat alleine den Aposteln vnd sunst niemandts befohlen/ zunehmen/ zuessen/ zutrincken/ vnd solchs zuthun/ zu meinem gedechtnis. Item/ das sie droben hart gestritten/ durch das wort/ Das Thut/ sey nicht das Essen vnd Trincken/ sondern das wandeln/ sacrificirn vnd opffern befohlen. Hie aber inn widerlegung des Sechsten gegenwurffs/ sagen sie/ Es werde solchs alles im wort (das thut) begriffen.

griffen. Wenn doch einer liegen wolte/ solt er auch achtung auffs maul geben.

Ob im Paulo keines Kelchbefehls gedacht wirdt/ so bringets doch der natürlich verstandt mit sich/ das derselbige keiner andern vrsach halben/ geben vnd vberreichet werde/ denn das man drauss trincken solle/ wie denn solchs klar bey den andern Euangelisten ist zuersehen/ da das befehl wörtlin/ Trincket/ oder wie Matheus noch klerer sagt/ Trincket alle darauss/ aussdrücklich wirdt gefunden. Ist derhalben eitel Bubenstück/ das die Meister des vngegründten berichts schreiben dürffen/ S. Paulus saget nicht/ Trincket/ Darumb hat Christus auch den gemeinen Christen/ den Kelch zu trincken nicht befohlen/ Hiemit bekennen sie wider jhren willen/ das S. Paulus diese Epistel nicht alleine an die Geistlichen/ sondern auch (ja nach jhrer ausslegung alleine) an die Leyen geschrieben habe. Solte nu die Epistel an die gantze Kirche/ Priester vnd Leyen geschrieben sein worden/ so hetten die Priester eben so wenig als die

Kelch befehl.

Epistel Pauli an die Corinthier.

Leien auss dem Kelch des HErrn Blut trincken müssen / sondern den Kelch nur ansehen / vnd nichts damit weiter thun dürffen. Ist aber die Epistel an die Leien alleine oder zugleich mit geschrieben / so stehet ja trawen der klare offentliche Kelchbefehel / im Paulo mit diesen worten. „Der „Mensch prüffe sich selbst / vnd also esse er von diesem Brott / vnd trincke von diesem Kelch. Was liegen denn die Heillosen Papisten / es sey kein befehl im Paulo / das man den Kelch des HErrn trincken solle / Das aber in Euangelisten dauon stehe / betreffe allein die Apostein / gerade als hetten die Euangelisten ein sonderlichs / vnd S. Paulus auch ein sonderlichs Sacrament / oder Testament beschrieben.

Nota.

Wie kündten sich die vnbedechtigen leute / besser selbst verstricket haben / denn das sie (fol. 278. b.) schreiben / Christus habe dazumal alleine zu den Aposteln gesprochen. Nemet vnd Esset / das also die worte dazumal geredt / niemandt mehr betroffen haben / denn die Aposteln / doch sey des HERRN CHRisti meinung

Bäpstischen wider sich selbst.

nung

nung gewesen/ das beyde die Apostelu/ vnd andere weise Hirten/ vnd diener seiner Kirchen/ nachmals das Sacrament seinen Schefflin/ an seiner statt außtheilen vnd sagen solten/ Nemet vnd esset/ vnd setzen die guten gesellen/ fein vnuerholen darzu/ Ey so wirdt das wörtlin Bibite/ Trincket mit seinem angehengtem Omnes/ auch dermassen zuuerstehen sein/ als nemlich von den Aposteln alleine/ dieweil es zu keinem andern/ (Nota) auch in keiner andern meinung/ von CHRISTO ist gesprochen worden/ weder eben das wörtlin Accipite/ Nemet/ Hæc ille.

Wer sagt nu/ das man so wol das/ Trincket alle drauß/ als das/ Esset/ in handelung des Sacraments/ nach der einsatzung vnd meinung CHRISTI/ zu den gleubigen sagen/ vnd auch wie Christus selbst gethan/ jhn reichen solle? Bekennen sie es hie nicht selbst mit jhren eigen worten? ob sie es gleich sunst allenthalben/ vnnd auch mit der that verleugnen/ vnd damit offentlich bezeugen/ N.B.

das sie nicht Successores Apostolorum/ noch trewe Hirten/vnd rechte Diener der Kirchen sindt/ weil sie der meinung des Ertzhirten/Lauts jtztgethanes jhres eigen berichts nicht nachkomen.

Spötterey. Lauter verspottung/Christi vnd seiner Kirchen ists/das sie sagen/ wenn der befehel/ Trincket alle daraufs/ dieses ist der Kelch/etc. solte alle Christen angehen/so müsten sie auch alle eben aufs deme/ vnd aufs keinem andern Kelche trincken/ denn den Christus dazumal inn henden gehabt/ auch ein solchs Blutt trincken/ das noch nicht vergossen worden/Vnd ist eine Lesterung/ das sie darauff schreiben/ wir sindt blutdürstige leute/die nach dem blute CHRIsti (das doch einmal schon langest vergossen ist) der gestalt dürste/ Das wir gern den HERRN noch ein mal auff die fleischbanck strecken/ vnnd Lesterūg sein Blut von newen vergiessen wolten/ Mein Gott vnd HERR gedencke jhnen diese lesterung/vnd decke jhnen solche missethat nicht zu/ die sie beyde an dir vnd vns/ mit solcher grewlichen verspottung begehen.

Narrenteiding vnd Gotteslesterung ists / was sie von jhrer vermeinten wandelung im Sacrament fürgeben / wir wissen von keiner wandelunge / Die Schrifft zeuget auch nichts dauon. Aber das sind wir gewiss / vnd gleubens festiglich / das die wort Christi / so er einmal selbst mit seinem heiligen munde / inn der ersten einsatzung vnd verordnung dieses Testaments / für seinen Jüngern gesprochen hat / noch so krefftig sindt / wo sie zu dem Brott vnd Wein / in Handelung dieses Sacraments komen / das alda Brott vnd Wein zwar nicht verwandelt werden / sondern im brauch nach des HErrn Christi befehl / der ware wesentliche Leib vnd Blut Christi sindt / die inn / mit oder vnter solchem / nicht zwar mehr schlechten / vnnd aber doch warem bleibenden Brott vnd Wein / warhafftig empfangen / gessen vnd getruncken werden. Vnd das nicht aus vermögen der Buchstaben / Syllaben vnd abgetheileten wörter / viel weniger von wegen der weihe / des Characters / oder der geberde / Creutz-

Von der wandelung.

Krafft der wort Christi.

schlagen / vnd andern Ceremonien des Priesters / sondern auss krafft der einsatzung / dieses vnuerrücklichen Testaments / des Sons Gottes JHESV CHRJsti / inn seinen heiligen worten (wie die bey den Euangelisten zufinden) begrieffen.

Von der Aposteln Priesterschafft.

Gleich Fantasey ists auch / das sie sagen / Die Aposteln sindt noch nicht Priester gewesen / als Christus die wort gesprochen / Trincket alle darauss / sondern allererst durch das wort Facite / das thut / zu Priestern geweihet worden / Hierauss wolte wider sie folgen / das der befehl / trincket alle darauss / mehr die Leyen denn die Priester / vnd die Priester wol gar nicht angehen würde / weil derselbe befehl dazumal / als die Aposteln noch Leien waren ergangen / vnd hernach nach jhrer vermeinten weihe / keine widerlegung vom HERRN CHRJsto / desselben befehls erfolget / Das wolte noch mit dem Papistischen Pfaffen / weitleufftig ding werden. Aber Geucherey ists damit / man billich solcher hohen Artickel schonen solte. Es

Nota.

ec. Es sindt die Aposteln nichts weniger / vor dem Abendtmal CHRJsti / denn hernach / vnd hernach nicht mehr / denn zuuor Priester gewesen / ohne das jhnen CHRJstus / von tag zu tag / mehr was jhnen inn jhrem Apostolischen Ampt gebüren wolte / offenbaret vnnd befohlen hat.

Also siehe auch / welch ein feiner Schluss das sey / CHRJstus sagt / "Trincket alle darauss / so schreibt Marcus / demselben befehl sey nachgesetzt worden / vnd spricht / Vnd sie truncken alle darauss / Dieweil sie denn alle darauss getruncken haben / denn es befohlen wurden / so ist solcher befehl gentzlich volzogen / vnd niemandt mehr auff Erden / an den Kelch des HERRN verbunden / Wie komen aber denn die Messpfaffen darzu / das sie denselben trincken? Sonderlich / weil das wort / Hoc facite / Das thut / nicht eigentlich heisset / Essen vnd Trincken / sondern allein wandeln vnd Opffern / wie sie sagen. Ja die Kirche hat es also für gut angesehen / das die Priester so Messe halten /"

Spötterey der Bäpstischen.

Falsche fürwendung.

den Kelch Trincken sollen / aber andere nicht / Das ist erlogen / die ware Kirche weiss kein wort / weder von der Messe noch von dieser vnordnung / Vnd wer hat der Römischen Bäpstischen Kirchen die gewalt geben / inn ausspendung des Testaments Christi / eine solche trennung vnd vngleichheit anzurichten ? Fürwar Gott hats jhr nicht befohlen / sie hat sichs aber auss eigenem freuel vnterwunden / vnd hat sie es der Teuffel geheissen / dem sie auch wol in mehr stücken folget.

Bäpstische Kirche.

Es fragen die Bäpstischen / worumb Christus nicht gesagt habe / esset alle da-
„ von / vnd doch spricht / Trincket alle daraus. Item / worumb nicht geschrieben stehet / Vnd sie assen alle dauon / wie man
„ doch geschrieben findet / Vnd sie truncken alle darauss / vnd wollen darauss schliessen. Als wenig man darumb einigen Christen / die gestalt des Brott versagen kan / weil Christus nicht heisset alle essen / so wenig könne man auch menniglich den Kelch darumb zuerkennen / ob gleich Christus alle heisset trincken. Das ist gar ei-

Sie trincken alle darauss.

gar eine hübsche / Münchische / Jesuitische / Römische / Papistische / Antichristische Consequentz / die zwar keiner verlegung werdt ist. Alleine sage ich / Das CHRIstus vnd der Apostel Marcus / darumb das wörtlin Alle / so genawe bey dem Kelche gedencken / das der HERR hat damit gleich Prophecceyen wollen / wie solche lose tropffen komen würden / die jhm sein heiliges Testament trennen / vnd mit dem Kelche ein getheiltes machen würden / für denselben hat er vns damit warnen wollen. So hat der heilige Geist / durch Marcum mit den worten / Vnd sie truncken alle darauss / vns der Jünger Christi gehorsam loben / vnnd zum Exempel fürstellen wollen / vnd gleich als baldt mit anzeigen / das die keine Jünger des HERRN / auch weder Apostolisch / noch Euangelisch / noch Catholisch sein würden / die dieses Sacraments also brauchen würden / das man mit Warheit nicht von jnen sagen noch schreiben künde. Vnd sie truncken alle darauss. Sehet jhr lieben klugen Herrn / habt jhr der fragen

Warnũg Christi.

Ob die Bäpstische Christi Jünger sein oder nicht.

gen mehr so last hören? Wir wollen euch antwort zugeben/ vnbeschweret sein.

Luther muss auch her= halten.

Gehet denn der befehl Christi / Trin= cket alle darauss / alle Christen an (sagen sie) / Warumb schreibet denn Luther/ Er wolle den Kelch nicht trincken/ wenn jhn ein Concilium befohlen würde. So hören wir wol/ wenn Luther zu Corinth gewesen/ würde er auff S. Pauli befehl den Kelch nicht getruncken / ja auch alle die solchem befehl gefolget hetten / ver= fluchet haben/ etc.? Auff diesen fürwurff habe ich zuuor geantwortet / vnnd sage noch/ es ist ein grosser vnterscheidt zwi= schen S. Paulo vnnd dem Concilio zu Triendt/ oder anderswo. Paulus befih= let das Sacrament / wie es CHRIstus eingesatzt zuhalten. Lobet noch billichet darneben keinen missbrauch / sagt auch nicht/ Non obstante Christo mandamus/ was aber dagegen das Trientisch ver= flucht Concilium thut/ ist wissentlich/ vnd zuuor vermeldt/ ohne not hie zuwider ho= len/ Die Summa/ ist die/ auff CHRI= sti befehl/ allein das Sacrament inn bey= der ge=

Vnter= scheidt zwischen Paulo/ Vnd dē Papisti= schen Cō cilien.

der gestalt nehmen sol / Sünde vnnd vnrecht sein / aber wenn es das Concilium erleubt / sol es recht sein / doch so fern / das man den missbrauch inn einer gestalt / auch für recht erkenne / Heisset das nicht Christum vom stul gestossen / vnd sich an die stette gesetzt? Summa der Bäpstischen meinung

Was sie mit dem wörtlin Omnes spielen / wie sich dasselbige offt nicht auff alles erstrecke / ist Bachanterey / denn man wol weiss / das CHRIstus damit seine Jünger vnd gleubigen / vnd dieselbigen alle / aber nicht darumb alle Menschen / Juden / Türcken / so im vnglauben / vnnd Gotteslesterung beharren / gemeinet habe / den spruch Johan. 12. Den sie anziehen / Omnia traham ad meipsum / möchten sie auch wol besser lernen / denn nicht omnia / sondern Omnes im Text stehet / vnd CHRISTVS damit zuuerstehen gibt / das er durch seinen Todt nicht allein Juden / sonder auch ander Völcker selig machen wolte. Omnes.

Es dürffte zwar des vnnötigē gewesches gar nicht / von denen so vom wort Bibite

Vnnötigs gewesche vnd spötterey.

ex hoc omnes / Trincket alle darauss/ aussgeschlossen werden / wir wissen gar wol/das der HErr Christus sein Sacrament / nicht für die Engel/ noch für die Heiligen/ so von dieser Welt abgescheiden sind / eingesetzt habe / Vnd ist neben groben tölpischen vnuerstandt / fürsetzliche bosheit vnd spötterey/das sie schliessen/ weil die Schrifft/ das Himmelbrott oder Man/ Psalm. 78. Engelbrott nennet/ es müssen also die Engel auch Brott essen/vnd vns fragen/ weil die Israeliten mit den Engeln inn der Wüsten / jhres Brots gessen haben / ob hinwider auch die Engel mit vns den Kelch trincken/ oder alleine mit der gestalt des Brots müssen zufrieden sein? Da sichestu / was den Spöttern vnd Lesterern/ Die Lehre vom Sacrament für ein ernst sey.

Nota.

Engel.

Also fragen sie auch spöttischer weise/ weil Christus gesagt / Matth. 26. Ich werde von nu an nicht mehr von diesem gewechs des Weinstocks trincken / biss an den tag / da ichs new trincken werde/ mit euch in meins Vatern Reich/ etc. Ob

Verstorbene Heiligen.

ex hoc

auch die Heiligen im Himmel mit vns auss dem Kelche trincken?

Das man keinem vollen zapffen/ Trunckenboldt/ Ehebrecher/ vnd ander offentliche Sünder/ zum Kelche des HERRN zulassen solle/ wissen wir selbst wol/ man sol jhnen aber auch eben so wenig den Leib des HErrn reichen/ es sey denn/ das sie ware Busse thun/ vnd bezeugen/ weil aber die beschorenen im Bapsthumb/ mit solchen groben offentlichen Sünden/ gemeiniglich behafftet sindt/ mögen sie zusehen/ mit was ehren vnd gewissen man dieselbigen das Sacrament lesset (vnd darzu vnrecht) handeln vnnd brauchen/ Gewalt geschicht vns/ das man vns gern wolte/ die verdacht machen/ als kündte einer den waren Glauben haben/ ob er gleich inn todtsünden lebte. Eine vnwarheit ists/ das man kein wörtlin habe/ dadurch die groben Sünder vom Abendtmal aussgeschlossen werden/ denn die Schrifften Pauli zeugen ja anders/ worumb aber der HErr Christus/ Judam nicht hat vom Tische hinweg

Offentliche sünder.

Judae.

hinweg gestossen/ hat seine vrsach dauon dieses orts / weil es auch nicht eigentlich zu diesem handel gehörig / ohne not viel zusagen.

Weiber.

Spöttisch gnung / wirdt von jhnen gefragt / Ob auch die Weiber auss dem Kelch trincken sollen / Sintemal je kein
» Weib darbey gewesen / Da Christus gesagt / Trincket alle darauss / darauff möchte man sie wider fragen / Ob es denn auch recht were / den Weibern den Leib
» des HErrn / im brott zureichen / Dieweil bey dem befehl / Nemet vnd Esset / ja so wenig Weiber gewesen / als bey dem be-
» fehel / Trincket alle darauss.

Vnuermeidliche not.

Das man etlichen Christen / so gar keinen Wein vertragen / oder sunst im kranckeiten / nichts bey sich behalten können / den Kelch nicht reichen kan / wirdt durch die nott entschüldigt / aber denselben sol auch als denn / nicht das halbe Sacrament gereichet werden / denn solchs ein gantz Bäpstisch / Antichristisch stücke / vnd wider die ordnung / vnd den befehl des HErrn Christi were. Vnd haben sich in solchen fellen / der vnuermeidtlichen not /

die gleu-

die gleubigen der Geistlichen niessung des Leibs vnd Bluts Christi/vnd also der Regel Augustini. Crede, & manducasti / zutrösten.

Wollen die Bäpstischen / den Kelch nicht trincken/mögen sie es vnsert halben anstehen lassen/ Mit den Rotten vñ Secten/ haben wir nichts zu schaffen/ wie wir vns denn auch der verfelscher vnd einführer/ alter vnd newer Corruptelen / so sie die als recht verteidigen / gentzlich eussern vnd entschlagen / Das thun die Engel vnd verstorbenen Heiligen / des Sacraments nicht bedürffen/die offentlichen Sünder/Papisten/Ketzer/ Rotten/ vnnd Secten/billich dauon abgeweiset werden/ vñ etlich nothalbē es nicht empfahen können/ solchs alles schleusset darumb nicht/ das der Befehl / Trincket alle darauss/ nicht solte die gantze Kirche/vñ in derselbē alle rechtschaffene gliedtmass antreffen/ Wie sich die widersacher / mit solchen aussgeschlossenen personen/vns das Omnes zuschwechen/ vergeblich vnterwinden/vnd viel narrenwercks mit anflicken/

von jhrer ertrewmeten Transsubstantiation/ Item/ Das Christus da er gesagt/ das ist mein Blut/ solchs nicht vom weine/ sondern vom Kelch habe genennet. Item/ das er sein Blutt im Kelch wol geben könne/ ob gleich kein Wein da sey/ vnd was des Münchischen geschwarms mehr ist/ daran billich alle Gottseligen ein ernstlichs abschewen haben.

Von vnmündige Kindern

Worumb weder wir noch die Bäpstischen/ den vnmündigen kindtlin dieses Sacrament reichen/ ist menniglich bewust/ vnd dürfften derwegen die Antichristen des spöttlichen fragens/ liegens vnd lestern gar nicht/ das sie vns fürwerffen/ worumb wir die Kinder/ von dem Bibite omnes/ Trincket alle darauss/ ausschliessen mögen/ vnd doch dieselben ohne vorgehende Lehre vnd Glauben/ wider des HERRN Christi befehl dürffen teuffen/ vnd jhnen gleichwol das Sacrament nur darumb/ das sie es möchten ausswerffen/ nicht mittheilen wollen/ da wir doch (wie die lauren/ inn jhren halss hinnein liegen) bissweilen volle Becher

zu erzu erweisung vnsers grewlichen freuels/ hinder den Altar giessen dürffen. O mein Gott/ dieser lesterung vnnd vielfaltiger falscher aufflage/ wollestu an vnsern vnd deinen abgesagten feinden/ ja eindenck sein/ vnd nicht vergessen.

Den Siebenden Gegenwurff/ wider jhren freuentlichen Kelchraub/ Das wir vns nemlich/ auff der Kirchen zu Corinth Exempel beruffen/ müssen vns die Bäpstischen gut sein lassen/ vnd wirdt warlich dasselbige Exempel einer solchen Kirchen/ mit des lieben Apostels Pauli zeugniss/ da es alles mit der einsatzung Christi/ so vberauss fein vber ein stimmet/ mehr bey vns vnd allen fromen hertzen gelten müssen/ denn die abtrünnige newerung der zweyer/ inn die vnterste Helle verfluchten/ Concilien zu Costnitz vnd Triendt/ ins Teuffels namen angefangen/ vnd wider Gottes klares helles aussdrückliches wort beschlossen.

7. Der Kirchen zu Corinth Exempel

Costnitzer vnd Tridēter Concilia

Nu ist dennoch das zumercken/ das vnser widerpart/ erstlich nicht leugnen kan/ sondern wie sie sagen frepwillig vnd vngedrungen bekennen muss / Christus habe das Sacrament in beyder gestalt eingesatzt / darnach für die gantze Kirche dasselbige verordnet. Zum dritten sey es auch anfenglich also in der Griechischen Kirchen. Zum vierden folgendts in der Latinischen / im Brauch gewesen (fol. 311. b.) vnd lauten jre eigene worte also / wir wollen gerne zugeben / der Apostel habe den Corinthern beyde gestalt gereichet / Dieweil wir auch sunst vngedrungen selbs freywillig bekennen / das nicht allein die Corinther / sondern auch die Latiner beyder gestalt im brauch gehabt. Hæc illi / Das ist nu die Catholica Communio / je vnd allezeit gewesen / Was aber von dem andern brauch zuhalten sey / richte vnd vrtheile / ein jeder Christlichs gemüt / denn im vermeinten Bericht / wirdt an keinem ort beweiset / das CHRIstus der HErr denselben befohlen habe / oder das der jemals durchauss / inn der Christlichen Kirchen / mit gemeinem Consens approbirt sey / denn also lauten der Münchischen Esel selbst eigene wort. Es hat die

Bekentnis der Bäpstischen võ rechter Communion.

Christ-

Christliche Welt/ (Nota nicht die Christliche Kirche) eine gestalt alleine/ neben beyden fast jeder zeit für gut/ mit einlauffen lassen/ Hæc illi.

Sie sagen weiter/ wenn man Paulo wolte folgen/ solte man bedencken/ das er offt zu verhütung der zweyspalt/ Mosaische bürden auff sich genohmen habe/ vnd derwegen solten wir auch vmb einigkeit willen/ den Kelch fahren lassen/ da hörest du Christlicher lieber Leser selbst/ das der Kelchraub keine ordnung Christi/ sondern eine vntregliche beschwerung sey/ nicht vngleich den bürden/ die Mose auff die Israeliten gelegt hat/ das bekennen sie vngestöcket selbst/ vnd kompt also antag/ wer die sindt/ die CHRISTI Joch schweer machen/ Hat auch leicht einjeder zuerachten/ was von solchen gesellen zuhalten sey/ Die solche vnd viel mehr Mosaische beschwerung/ mit drang vnd zwang/ vber das Christliche volck/ durch des HERRN JHESU Blut gefreyet/ führen dürffen.

Kelchraub eine Mosaische Bürde.

Nota.

Verkerung der wort Pauli.

Aber was ist not hierauff viel zuantworten/ die groben Esel schewen sich nicht zuschreiben/was Paulus 1. Corinth. 11. gesagt. Ich habe es von dem HErrn empfangen/ was ich euch gegeben habe/ etc. gehe die Communion gar nichts an/ Es habe Paulus nur für die lange weile/ den Corinthern angezeigt/ was sich bey dem Abendtmal des HERRN Christi zugetragen/ aber nicht der meinung/ das sie sich darnach halten solten. Sindt mir das nicht feine gesellen/ vnd wol werdt/ das man vmb jhren willen/ frome Christliche Lehrer/ vñ zuhörer/ verjage/ fange/ schatze vnd plage. Wie gleichwol in Beyern/ vnd andern örten mehr geschichet.

Schwarm der Papistē.

Die verzweiffelten Buben/ vnd Teufelsmeuler/ können für der Warheit nicht vber/ müssen zugeben/ das der brauch inn beyder gestalt recht ist/ vnd dennoch wollen sie mit einstellung des Kelchs/ nicht vnrecht gethan haben/ vñ komen darüber/ denn so gar inn den schwarm/ Das sie schreiben dürffen/ Es habe Christus den Kelch/ der allgemeinen Kirchen zu trincken-

cken-

cken nicht befohlen/auch Paulus solchem befehl nachzukomen nie vermanet/ Daraus denn ja fürwar folgen wolte/ das der Brauch des Sacraments inn beyder gestalt/ aller dinge vnrecht sein müste/ denn was man in vnd mit einem Testament/ ohne befehl vnd verordnung des Testators thut/ kan nimmermehr approbiret werden/ Wenn es auch nur eines menschen/ rechtmessiges Testament were/ ich geschweige denn des Sons Gottes.

Pauli fürsichtigkeit.

Wenn Paulus nicht gewolt/vnd auch nicht gewust hette/ das man das Sacrament/ inn beyder gestalt/ nach Christi befehel brauchen müste/ so hette er inn seiner vermanung an die Corinther/ nicht stets beyder gestalt/neben einander gedacht/ auch den befehl nicht also gestellet. Der Mensch prüffe sich selbst/ vnd also esse er von diesem Brott/ vnd trincke von diesem Kelch. Beydes würde ers nicht heissen/ wenn es wider des HERRN Christi ordnung/ willen vnd befehl gewesen. Weil aber aus den worten Pauli klerlich/ was Christi befehl vnd wille/ vom

Brauch dieses Sacraments sey/ zuuernehmen ist/ sol sich auch kein Christe/ den Bapst Esel zu Rom jrren lassen/ sondern Christo folgen/ vnd vmb des Bapsts verbott vnnd drewung willen/ nichts was recht ist/ lassen/ auch auff sein befehl/ vnd erleubung/ nicht allererst thun vnd aussrichten/ des man auff den blossen befehl des HERRN CHRIsti/ zuuor bedencken gehabt.

8. Wo der Leye Sacrament eingesetzt sey.

Der Achte Gegenwurff/ den die vnsern den Bäpstischen fürhalten/ sol der sein. Das sie fragen/ wenn der Befehl CHRIsti (Trincket alle daraus) nur die Aposteln allein betroffen habe/ Wo denn der Leyen Sacrament eingesetzt vñ verordnet sey? Diese frage/ düncket sie eine vnweissliche frage sein/ Worůmb? Denn sie müssen darauff antworten/ CHRIstus habe das Sacrament in beyder gestalt eingesetzt/ wie sie auch thun/ vnd nicht leugnen können/ Aber worumb bleiben sie nicht darbey? Darumb das sie nie der meinung gewesen/ eben CHRIsto in allen dingen/ zugehorsa-

Papistische halstarrigkeit.

horsamen / vnd seiner ordnung gemess zuleben.

Ists aber nicht ein fein Meister stück / das sie sagen / wo beyde gestalt eingesetzt worden / folget vnleugbar / das auch die eine sey eingesatzt / Aber es folget darumb nicht (sagen sie) das menniglich befohlen sey / eine gestalt alleine / oder beyde zugleich zuempfahen. Was folget denn? das es ein jeder / mit diesem Testament halten möge / wie es jhm selbst geliebet? oder wie es dem grösten hauffen gefellet? oder wie es nach gelegenheit der zeit / fürs beste angehen wirdt? Ja denselben weg wolten sie gern hinauss / Damit sie Herrn vnd Meister / der Sacrament sein vnd bleiben möchten / das müste man jhn bestellen.

Meisterstück der Papisten

Der gestalt / möchten andere Schwermer also sagen / Wer Zehen gebott geben hat / der hat jhr je auch fünffe gegeben / Aber darauss folget nicht / das menniglich befohlen sey / alle zehene / oder fünffe alleine zuhalten / etc.

Schwermerey.

Item / da Christus seinen Jüngern vnd also der gantzen Kirche / beyde schlüssel geben hat / da ist je gewiss / das er auch den einen geben habe / aber es folget nicht / das darumb der Kirchen geboten sey / einen nur alleine / oder albeyde zugebrauchen / Sindt das nicht feine folgen?

Christi wille.

Hat der HERR das Sacrament / in beyder gestalt eingesatzt / so ist je auch sein wille / das mans inn beyder gestalt brauchen solle / worumb bleibt man denn nicht darbey? Dieweil er keinen vnterscheidt machet / Keinen standt oder person / für der andern auszeucht / worumb zertrennet man jhm die ordnung / die er selbst gemachet hat? Was darffs auch weiter beweisung / wo Christus das Sacrament menniglich / inn beyder gestalt zugebrauchen befohlen habe? Da stehet die gemeine einsatzung seines einigen / allgemeinen Testaments / für alle Christen / vnd bringet seinen befehl / wie man damit vmbgehen solle / der klare Buchstab mit sich / Trotz allen Papisten / vnd jhrem Geist dem Teuffel darzu / das sie so viel beweis weiss/ für jhren missbrauch / vnter einer gestalt allein auffbringen.

Das sie sagen/ Es sey der brauch der einen gestalt alleine / vnter der einsatzung beyder gestalt begriffen / beweiset nicht/ das man darumb das Sacrament / vnter einer gestalt allrine brauchen solle. Denn wenn ein Vater ein Testament ordnet/ vnd darinnen gewisse güter den Erben bescheidet/ aber darneben auch gewissen befehl gibt/ vnterschiedene dinge / zwey oder mehr ausszurichten/ so gebürt den Erben aller dinge/ vnd inn allen stücken demselben Testament / nach dem Buchstaben gemess zu leben/ oder sindt der güter verlustig/ oder handeln doch zum wenigsten/ wider recht / ehre vnd billigkeit / würde sich auch keiner damit beschönen können/ do man jhn würde fragen/ warumb heltestu einen puncten des Testaments / vnd den andern nicht / das er sagen wolte / wo sie beyde gegründet sindt / da ist auch der eine gegründet / aber ich bin vnuerbunden/ einen allein / oder beyde zuhalten/ Ein solchen Buben/ würde die Oberkeit

Gleichniss.

 billich

billich in gebürliche straffe nehmen/ Aber die also mit dem Testament Christi jhr gespötte treiben / werden jtziger zeit hoch geehret vnd gehegет.

Bäpstischen sind gar zu narren worden.

Was ists auch gesagt? Die Communion des Leibs vnd Bluts CHRJsti/etc. stehet allein auff CHRJsto / vnd seinem Göttlichen wort / vnd sonst zwar auff keinem menschen/ so viel aber den Brauch vnd die Communion/des Leibs vnd Bluts Christi belanget/ ob die vnter einer / oder beyder gestalt/ zuniessen sey/ hat Christus menniglich nicht geboten/ sondern in den Kirchischen gewalt vnd Autoritet eingelegt. Das sindt der Münchischen Narren eigene wort/ so sie auss dem Schwindelgeist schreiben / (fol. 318.) vnd selbst nicht wissen/ was sie plaudern / do sie doch / wenn sie nur ein klein wenig vernunfft hetten/ vnd nicht so gar grobe/ tölpische Bachanten vnd Esel weren/ bedencken solten/ Das ein jeder Testament seinen brauch mit sich bringet/ wie man damit gebaren vñ vmbgehen solle. Wie hat es denn Christus versehen / das er in seinem Testament/ nur die Gütter benennet/ aber den brauch vnd die austheilung derselben den Erben in jhre freye wilköre anheim gestellet hat/ vnd (do er doch alle dinge wol zuuor gewust) eine solche vngleicheit so in austheilung des Sacraments/ die Bepstische Kirche eingefüret/ gebilliget/ vnd nicht mit einem ausdrücklichen befehl/ solchen zanck/ der sich darob erheben würde/ vorkommen hat? Solcher vnfürsichtigkeit/ leichtfertigkeit vnd vergessenheit wird der frome Herr Christus zur vnbilligkeit beschuldigt/ von allen denen/ die da sagen dürffen / Er habe keinen befehl/ wie die allgemeinen Christen/ seins Sacraments gebrauchen sollen/ hinder jm gelassen. Aber wir wissen Gott Lob/ vnd die wort der einsatzung/ bringens klar mit/ wie ein jeder Christ / wes standes er auch ist/ das Sacrament brauchen vnd niessen sollen/ wenn es des Antichrists diener / vnd andere Rotten vnd Secten/ darbey bleiben liessen/ vnd nicht mehr der bösen gewonheit/ eigenem gutdüncken/ vnd dem grösten hauffen/ denn Gottes vñ seinem worte folgeten

9. Der neunde Gegenwurff / den sie wider jhren Kelchraub anziehen / ist das sie vns beschůldigen / als solten wir jhnen das zu einem grossen freuel anziehen / das sie dem armen Leyen / einen grossen abbruch / mit fürbehaltung des Kelchs theten / weil je vnter einer gestalt / so viel nicht sey / als vnter beyden.

Es geschehe dē Leyē mit dē Kelchraub abbruch.

Hierauff ist auch zum theil hiebeuor antwort geben / vnnd ist an dem / das wir nicht fürnemlich / mit den Papisten darumb streitten / was vns im Sacramente gegeben werde / vnnd wie viel man vnter einer oder beyder gestalt empfahe / (wiewol allerley auch / hieuon mit jnen zureden were /) sondern dauon kempffen wir vnterlang / Ob man das Sacrament vnter beyder gestalt / oder vnter einer alleine empfangen solle. Vnd ob es beydes / oder eins alleine recht sey / vnnd welcher Brauch mit der ordnung Christi vberein stimme / oder nicht / Darff derwegen hie keins weitleuffigen verlegens / jhrer Calumnien.

Wo von die Disputatio.

Ob aber die gnade Gottes / vnd die seligkeit

ligkeit an den brauch der eihe/ oder beyder gestalt gebunden sey/ ist eine vnnötige frage/ denn es gewißlich an deme ist/ das die ohne glauben zum Sacrament gehen/ wie offt sie des auch gleich brauchen/ keine Gnade noch seligkeit da finden noch bekomen/ sondern es zum Gericht empfahen/ so wol die es in beyder/ als die es inn einer gestalt/ im vnglauben empfangen/ ohne das die/ so es in einer gestalt allein brauchen/ wider die ordnung vnd einsatzung Christi handeln/ es geschehe gleich wissentlich oder vnwissentlich von jhnen. Daher hat Lutherus gesagt/ das der Glaube allein nötig zur seligkeit sey/ vnd doch der für ein Gottloser Mensch zuhalten/ der sich des Glaubens rhümen/ vnd gar kein begirde noch verlangen/ nach dem Hochwirdigen Sacrament tragen wolte/ dieselben wort wolten die Münchischen Meister/ auch gerne dem Luthero zum ergsten (jhrer Diabolischen art nach) deuten.

Vnnötige frage.

One glauben das Sacrament nicht nütze

Lutheri wort.

Sie schreiben auch/ Es sein einem Menschen drey dinge nottwendig zur seligkeit

ligkeit. Erstlich/vergebung der Sünde. Zum andern/ein Gnadenreicher Geistlicher wandel auff Erden. Vnd letzlichen nach dieser zeit/ das ewige leben. Das heisset auch/das hundert ins tausent gemenget/wir wissen nicht mehr/denn von einem stücke/das zur seligkeit nötig ist/ Nemlich/der Glaube an Jhesum Christum/ wie die Schrifft zeuget/Esa.53: Matth. 1. Johan. 3. Act. 4. 10. etc. Den newen gehorsam/nennen wir eine frucht/ vnd zeugniss der empfangenen seligkeit. Das ewige leben nach dieser zeit/das ende vnd die offenbarung vnser seligkeit/vnd in diesen stücken allen/haben wir die schrifft auff vnser seiten. Aber wie die Bäpstischen sonderliche Sacrament haben/also haben sie auch sonderliche seligkeit

Was zur seligkeit nötig sey

Newer gehorsam.

Ewigs leben.

Es ist auch seltzam gnung/das die Meister des Münchischen Buchs schreiben/Man könne bey dem Sacrament des Leibes vnd Bluts Christi/vergebung der Sünden nicht suchen/in keinerley weise/so doch für der zeit die Papisten auss dem zugehen/zum Sacrament/ein verdienstdienstlichs werck gemachet haben / wie auß vielen jhren Büchern zubeweisen. Aber grosser mangel ist bey jhnen/das sie das Geistliche essen vnd trincken / nicht von dem mündtlichen / an jhm selbst vnterscheiden / sondern eins ins ander mengen/auch die sprüche von der Geistlichen niessung/auff die mündtliche führen/ vnd ein wunder seltzam gewirre machen.

Doch ist das an diesem ort auch zumercken/ das die Meister des Buchs / etliche Bäpstischen/ einen guten stiche geben/vñ von jhren sieben Sacramenten/ fünff zu boden stossen / in dem das sie sagen/Wir Catholischen haben bey keiner Signification/ zeichen/ bedeutung oder außwendiger Ceremoni/in dem gantzen newen Testament / einiger gnaden zugewarten/ es sey denn das GOtt seinen pact oder gedinge / mit verheissung oder zusagung daran gehenget oder auffgerichtet/ vnd seine Gnade dabey widderfahren zulassen / wo wir diese oder jene Ceremoni laut des Göttlichen pacts / wie es sich gebüret / vben vnnd brauchen werden/

Verwerffung der erdichten Sacrament.

Hæc illi/

Hæc illi / Wo wollen nu die andern Papisten / Bäpste / Bischoffe vnd Mönche bestehen / die an so mancherley werck vnd Ceremonien / Walfarten / Rosenkrentz beten / etc. so viel ablass / gnade vnd vergebung der Sünden / geknüpfft vnnd gebunden haben / ohne vnd wider Gottes wort vnd willen / die werden fürwar hie alle (wie billich) mit solchem thun als vnrecht verdammet.

Nota.

Aber baldt komen die vergessenen Lunterus / wider auff jhre alte geigen / Christus habe den Brauch seines Sacrament der Kirchens / ob sie es in einer oder beyder gestalt reichen vnd nehmen wolle / heimgestellet / Welchs eine gute grobe / grosse / fette / dicke / Mönchische / Jhesuitische / Römische Papistische / Antichristische Lügen ist / mit keinem Buchstab auss der Schrifft zubeweisen.

Lügen.

Was sie nu darüber einführen als sey die Bedeutung / die wirckung / vnd die sterckung des Glaubens / bey der einen gestalt / ja so volkomen / vnd mehr / denn do man das Sacrament vnter beyder gebraubrauchet / kan ich nicht gleubē / auch das es war sein solte nicht befinden / vnd do jm gleich also were / solte dennoch der einsatzung vnd ordnung Christi / nicht zuwider / sondern derselben inn allen stücken nachgelebt werden / sonderlich weil diß Sacrament eben / von wegen des Bluts / so der HERR Christus auß dem Kelch trincken heisset / den Namen des Testaments / vnd Gnadenbundts bekomen.

Der Zehendt vnd letzte Gegenwurff / Ist / das wir sagē / Es sey vnbillich / vñ vnchristlich das man dem gemeinen Volck / den gebrauch der beyden gestalt entzogen habe / Die doch von anfang her im brauch gewesen. Diese einrede müssen sie vns gut sein lassen / vnd selbst bekennen / das der Brauch des Sacraments vnter beyder gestalt der elteste vnd erste / doch hengen sie mit dran / das derselbige dem gebrauch vnter einer gestalt allein / allezeit nachteilig gewesen sey. 10. Vnbilliche enderung Christliches brauchs.

Nu das nemen wir für bekandt an / das ein Brauch dem andern zuentgegen / vnnd zuwider sey / Nu ist Christus jhm selbst nicht zu wider / sonderlich in seinem

Ein brauch dem andern zuwider.

Testament / weil aber diese vngleiche breuche / einander zuwider / vnd nachteilig sein / (wie jhr eigen wort lauten) so muss einer vnter denselben / nicht von Christo / noch von seinem Geist herkomen / Es ist aber gewiss / das der Brauch des Sacraments in beyder gestalt von Christo eingesetzt worden / So muss vnwidersprechlich folgen / das der Brauch vnter einer gestalt alleine / vom Geist des widerchrists / auffbracht / vnd der Kirchen auffgedrungen worden / denn were derselbige brauch von Christo / so were jhm der erste / in beyder gestalt nicht nachteilig / Wie die Meister des Berichts (fol. 333.) sagen. Man mag nu vrsachen fürwenden / wie man kan / so ists herauss / das die vngleichen Breuche widereinander sindt / So bezeuget auch die that wol / was für ein Geist / vber dem Brauch der einen gestalt halte vnd walte / Nemlich der Mordtgeist / denn es sindt ja nicht wenig leute / durch kreige / vnd andere Tyranische wüterey ertödt vnd vmbbracht worden / darumb das sie der Lügen /

Nota.

gen/(als solte der Brauch vnter einer gestalt recht sein) widersprochen/ oder auch nur sunst wider des Antichrists verbot/ nur das Sacrament/ in zweyer gestalt empfangen haben.

Das der Kelch den Leyen genomen worden / ist leyder allzu war / das aber solchs auß wichtigen vnd erheblichen vrsachen/ solt geschehen sein/ Kan nimmermehr dargethan werden / denn was wolt oder kündt man doch / für vrsachen fürwenden/ dem aller heiligsten/vñ allerweisestẽ HErrn/dem Sone Gottes sein/ wolgeordentes/vñ mit seinem vnschüldigen Tode/ bekrefftigts Testament zuendern? Das es aber geschehen/ von der Bäpstischen kirchen/mag wol eine Bäpstische/ aber keine Christliche ordnung heissen/ Ja weil es der ordnung Christi entgegen ist/ wirdt es billich für die gröste vnordnung gehalten / derer mit gutem gewissen/ kein Christen Mensch gemeß leben soll/ sondern wie man schüldig ist/ nicht den Bapst / sondern dem HErrn Christum / für das Heupt der Kirchen zuhalten / also ist man auch bey verlust

Kelchraub die gröste vñordnung

der seligkeit verpflichtet / nicht nach des Bapsts/ sondern nach des HErrn Christi ordnung / wort vnd befehl das Sacrament zugebrauchen / vnd ist nicht not bey der Bäpstischen Kirchen vnordnung / so lange zubleiben / biss vns die durch jhre Concilia einen andern bescheidt gebe / denn wir haben zuuor ehe die Christliche Kirche / von einigem Bapst etwas gewust / bescheidt gnung / auss des Meisters vnd Bischoffes munde / von welchem der Himlische Vater gesagt hat / Dieses ist mein lieber Son / den solt jhr hören.

Christum sol man hören vnd jm folgē

Es können die Bäpstischen selbst nicht sagen / von weme die Communion / vnter einer gestalt alleine / auffkomen sey / die Meister des vermeinten Berichts / lassen sich wol düncken / das der groben Papisten tölpische fürwendung / den stich nicht halten werde / da sie gesagt / Christus habe das Sacrament selbst in einer gestalt / zu Emaus in gegenwertigkeit zweyer seiner Jünger eingesatzt / darumb gedencken sie solchs flickwercks / vnd des Brotbrechens der Aposteln in Actis / mit keinem wort / so verschlagen sindt sie

Verschlagene meister.

gleichwol. Sie bekennen auch weiter/ es sey derselbige Brauch der Communion/ von keinem Concilio/ noch jrgendt einer Oberkeit herkomen / auch nicht von den Priestern gewins vnd vortels halben / der Kirchen auffgedrungen/ dieses letztes stücke/ kündte man aber wol anders darthun.

Nu wo ist denn die Communion / vnter einer gestalt inn die Kirche komen? Christus hats nichts befohlen / die Aposteln wissen nichts drumb. Kein Concilium hat sie auffgerichtet/ Kein Oberkeit mandieret/ Kein Prelat gestifftet/ etc. da höre/ Aus alter gewonheit. Es ist also ein missbrauch / wie im Ersten theil angezogen worden / anfenglich eingerissen/ vnd in eine gewonheit komen / die hat die Bäpstische Kirche/ eine Heilige Apostolische vnd Christliche gewonheit genennet/ vnd durch drey Concilia / als Costnitzer/ Basler/ vñ Tridentisch bestetigt/ Vnd mus jhnen nu mehr die gewonheit mehr gelten/ denn die erste einsatzung/ also/ das sie den einen Schwindelgeist nennen/ der mehr auff des HErrn Christi

Woher die Communion vnter einer gestalt.

gewisse einsatzung helt denn auff die böse eingeführete / vnd durch der Antichrist bestetigte gewonheit / ja sie verbannen / verfolgen / fangen vnd tödten / alle die jenigen / so nicht jhrer gewonheit folgen wollen / oder zum wenigsten / doch dieselbige als recht nicht loben vnd billichen / Das ist ja je anders nichts / denn eigentlich der Geist des Widerchrists.

Der geist des wider christs.

Das sie fürwenden / Wenn Christi meinung gewesen were / das die Communion vnter beyder gestalt / hette sollen für vnd für in der Kirchen bleiben / würde er freilich auch drob gehalten haben / vnd dafür gewest sein / das die Communion vnter der einen / nicht were mit eingelossen / vnd sich so weit ausgebreittet hette. Jst gar ein armer behelff / Damit man wenn er gelten solte / alle jrthumb kündte rechtfertigen / vnd möchte ein jeder Bube sagen / wenn es Gottes wille were / allezeit from zusein / so hette er mich wol behüten können / das ich die schande vnd das Laster nicht hette angerichtet. Es were fürwar nicht besser / wenn der Teuffel ein

Armer behelff.

vnord=

vnordnung/ vnd jrthumb in der Kirchen angerichtet hette / denn das man solchs dem HERRN CHRisto zumesse.

Es sey aber diesem/ wie jhm wolle/ das Gott krefftige Irthumb verhenget hat/ (darunter der Misbrauch des Sacraments / vnter einer gestalt / alleine nicht der geringste) weil man der Warheit in den worten Christi/ nicht hat einfeltig gehorchen / vnd folgen wollen / so ist darumb der rechte gebrauch in allen Kirchen/ vnd allen orten nicht gefallen / vnd sindt zu allen zeiten leute gewesen/ Die solcher newen Communion widersprochen / vnd daran kein gefallen gehabt/ Denn vnter den alten Vätern/Scribenten vñ Lerern keiner zufinden/ der solcher Communion vnter einer gestalt / wie die in der Bäpstischen kirchen/bey den Leyen durchaus gebreuchlich gewesen/ mit einem wort gedecket. Ich geschweige / das sie die solten approbiren/ vñ trotz dē Papistē/das sie einen bewereten Patrem/ oder Doctorem Primitiuæ Ecclesiæ fürstellen/ Der von jrer Cõmunion etwas schreibe oder halte / Die Zeugniss so die Münchischen Meister

Rechter gebrauch des Sacramēts nie aller ding gefallen.

Patres wissen nichts võder Bäpstischen Communion.

droben herfür gebracht / reden von sonderlichen fellen / vnd eingerissenen missbreuchen / können derhalben gar nicht / zu beschonung des thätlichen Kelchraubs / fürgewandt werden.

Gelasius Gregorius. Sother. Hilarius.

Hernach haben viel / vnter den Bäpsten / die Communion beyder gestalt defendirt / vnd die sub vna alleine verworffen / als Gelasius de Consecrat: Distinct: 2. Cõperimus, Gregorius, Ibidem c. Quid sit, Socher, Ibidem c. A, quibusdam. Hilarius: Ibid: c. Si non, &c.

Alexander de Hales.

Do aber der missbrauch gar vberhand nehmen wollen / habē auch etliche / so doch dem Bapst zugethan gewesen / darwider geschrieben / als Alexander de Hales Parte 4. Sum: Quæst: 32. Memb. 1. Art. 2. vnd

Richardus. Armachanus:

Richardus, Armachanus, desgleichen viel mehr. Vnd do das Costnitzer Concilium den Leyen den Kelch / mit gewalt hat abdringen wollen. Hat sich ein ernstliches widersprechen / von Geistlichen vnd weltlichen Personen erhaben / vnd biss auff diese stundt anhero geweret / was dürffen denn die Bapstsesels knechte sagen / Es sey nie kein verstendiger gewesen / der jhrer

rer Communion vnter einer gestalt/ jemals hette widersprochen? Ob nu gleich/ wie ich offt gesagt habe/ Die Römische Bäpstische kirch geirret hat (welchs man billich nicht loben/ noch recht heissen kan) so hat darumb nicht die gantze allgemeine Christliche Kirche geirret/ werden auch nicht darumb alle ausserwelete gleubigen verdammet/ ob man gleich die Römische Bäpste/ sampt jhrem beschorenen gesinde/ verführer der Leute/ verfelscher der Schrifft/ wolffe vnd Seelmörder nennet.

Rechte Titel der Bäpstischen.

Sie geben für/ wenn die Communion vnter einer gestalt/ so vnrecht were gewesen/ So würden ja etwan die Keyser/ Könige/ vnd Fürsten/ solchs gemerckt vnd widersprochen habe. Trawen/ Ich gleube/ das solchs ohne zweifel offt geschehen. Man sehe nun/ was von vielen feinē tapffern Herrn/ der Communion halben/ an die beyde Concilia zu Costnitz vnd Basel schrifftlich gelanget worden. Aber man weiss aus den Historien wol/ wie Tyrannisch vnd vnmenschlich die Bäpste vnd jhr Pfaffenvolck/ mit Keysern/ Königen/ vnd Fürsten sindt vmbgangen/

Wie die Oberkeit im Bapsthumb geachtet.

 Wenn

Wenn dieselben nicht allemal / haben jhres gefallens reden vnd thun wollen / vnd kündte ein grosser Herr dazumal / als der

Nota.

Antichrist noch volle gewalt hatte / mit einem einigen worte / Landt vnd Leute / vnd Leib vnd leben wol darzu verschertzen.

Abermals sagen sie / were solche Communion vnrecht gewesen / es würde je jrgendt sich ein Ketzer funden haben / der solchs der Kirchen hette auffgerückt / vnd fürgeworffen / Darauff ist zuwissen / das der Teuffel nicht pflegt durch seine Ketzer / das was vnrecht ist anzufechten / sondern der Warheit zuwidersprechen / So haben auch die Ketzer / diesen missbrauch der waren kirchen Christi / nicht auffrücken können / Denn sie ist bey dem Brauch des Sacraments / wie es der HErr Christus eingesetzt hat blieben / Die Bäpstische Kirche aber darinnen / (wie ich im Contrafet beweiset) aller ketzerey grundtsuppe zusammen geflochten / haben die Ketzer wol zufrieden gelassen. Die waren gliedmassen aber / der rechter Kirchen / vnter dem Bapsthumb / der freilich viel gewesen / vnd es besser nicht verstanden (denn sie mü-

Ketzer wider sprechen der warheit.

sie müsten sich im Brauch des Sacraments / nach jren vermeinten Geistlichen hälten) haben sunst Joch vñ beschwerung gnung gehabt / das ohne not gewesen / dieselbigen durch der Ketzer verspottung weiter zubetrüben. Ist gnung gewest / das Gott durch rechtschaffene selige Lehrer / den jrthumb entdecket / vnd durch heilsame anleitung auß Gottes wort / den armen verführeten hauffen / wider auff die erste einsatzung / vnd den rechten brauch des Sacraments geweiset hat.

Einfaltige Christē vnter dem Bapsthumb.

Ja sprechen sie / man solte auffs Concilium komen sein / vnd da den jrthumb erweiset haben. Lieben Herrn / Wol dem der nicht wandelt im Rath der Gottlosen / noch tritt auff den weg der Sünder / noch sitzt da die spötter sitzen / sondern hat lust zum Gesetz des HErrn / vñ redet von seinem Gesetz tag vnd nach / Psal. 1. Es ist ohne not / allererst auff dem Concilio erlernen wollen / ob man Christi ordnung solte mehr gelten lassen / denn der Menschen newerung vnd einführung / Ist vns auch nicht gelegen gewesen / ewer Tridentisch

Tridentisch Concilium.

Concilium zubesuchen / welchs jhr nicht der meinung gehalten / das alda in Religions sachen / alleine GOTtes wort die heilige Schrifft solte Richter vnd Schiedman sein / sondern das jhr woltet Herrn vber die Schrifft sein / dieselbige ewres gefallens / auch wider den Buchstaben (ewer alten gewonheit nach) zudeuten / vnd zu denen / vnd darneben war / vnd ist noch ewer fürhaben / das jr auff den Concilien mit ewrem Bapst / wolt / Kleger / Zeugen / Scheppen vnnd Richter sein.

Worümb wir nicht auffs Concilium komen.

Wir sindt zwar nicht auss kleinmut / oder das wir an vnser sache gezweifelt hetten / von ewrem Concilio blieben / sondern haben des andere erhebliche vrsachen gehabt / do jhr die zuwissen begeret / so leset der vnsern Buch / so dauon in druck aussgangen / mit folgendem Tittel.

Stattliche aussfürung der vrsachen / Darumb die Chur vnd Fürsten / auch andere Stende der Augspurgischen Confession / Des Bapsts Pii IIII. aussgeschrieben vermeint Concilium / so er gegen Triendt angesetzt / nicht besuchen kündten / noch zubesuchen schüldig gewesen sindt /

sen sindt / Sondern daselb als hochverdechtig / auch zu gemeiner Christlicher einigkeit vndienstlich / anfangs zur Naumburg / vnd folgendts auff Jüngst gehaltenen wahl / vnd Krönungs tage zu Franckfurt / in Schrifften billich verwegert haben / etc.

Do sich nu die Bäpstischen je liessen düncken / man hette sich jhres vermeinten Concilii / zuwegern nicht vrsach gnug / so möchten sie zusamen thun / Jebusiter / Mönche vnd Pfaffen / vnd jhr heil an jtztgedachtem Buche versuchen. Ich halt aber / sie werdens wol vnuerantwortet / vnd vnuerlegt müssen bleiben lassen.

Beschlus des münchischen Buchs.

Summa jhr endtlicher Beschluss ist / Das sie bekennen / sie haben den Kelch eingestelt vnd auffgehaben / vnd darumb sol man solchs werck / als ein heilsam / nütz vnd notwendigs stück achten / vnd als hette solchs die allgemeine Christliche Kirche / (welchs doch nicht war ist) also für gut angesehen vnd geordnet / auffnehmen / gleuben vnd halten / vngeachtet / Das Christus dieses Sacrament (wie sie selbst zum offtermal bekennen) inn beyder gestalt /

stalt/vnd dar zu für die gantze Kirche eingesetzt habe/ Vnd sey ohne not/ das man dieser enderung halben/ Schrifft begere oder bringe/ sondern sey gleich gut vnd vbrig gnung/ das man wisse/ die gantz allgemeine Christliche Kirche könne nicht jrren/ denn darauß schliesse sichs gewißlich/ das es alles muß recht sein/ vnd für

Nota. Glaubens Artickel angenohmen werden/ Was die Römische Bäpstische Kirche setzt vnd gebeut/ vnangesehen/ ob gleich solches ohne/ vnd auch wider Christi des HErrn wort/ ordnung/ einsatzung vnd befehl sey/ Denn man musse nicht also am Buchstaben hangen/ sondern bey der Römischen Kirchen sinn vnd verstandt bleiben/ weñ derselbige gleich dem Buchstab gantz vnd gar zuwider were.

Das ist der gantze grundt durchauß/ in jhrem gantzen Buch/ vnd in allen andern jren Schrifften/ Kirch/ Kirch/ Gewonheit/ Langer gebrauch/ Vernunfft/ Patres, Concilia, &c. ist jr stetigs geschrey/ contra Expressum Verbum DEI. Das sie nu dahin die leute zusehen bewegen möchten/lieten / liegen vnd dichten sie auff Staphili- sche art / von der vnsern zweytracht / vn- einigkeit / vnd vnbestendigkeit / mengen alle Rotten vnd Secten vnter der Luthe- rischen namen / thun vns aber gewalt vnd vnrecht / Denn vnser Confessiones / vnd darneben verlegung / nicht allein des An- tichristischen Bapsthumbs / sondern auch aller Secten vnd Corruptelen sindt ver- handen / dabey wir auch einmütiglich bleiben vnd verharren / können vns der- wegen sie / keiner vnbestendigkeit beschul- digen / Das wir aber von wegen einreis- sender verfelschung / teglich fürsichtiger vnd eigentlicher zureden / auch etwan et- lich wenig wort / so von Corruptelisten auff einen andern verstandt gezogen / oder sunst streittig werden möchten / vnterlas- sen / endern vnd bessern / vngeachtet das wir vns deren eines theils zuuor ausser dem Streit / wol vnd mit gutem gewissen brauchen können / kan vns je nicht zu kei- nem vnbestandt gerechnet werden / Das sich darüber etliche von vns sondern / können wir nicht endern / wissen sehr wol

Staphi- lische lü- gen.

das solchs dem heiligen Apostel S. Paulo selbst widerfahren ist/ wolt man aber
darumb seine gantze Lehre/ vmb etlicher
abtrünnigen/ vnnd dabey entstandener
zweyspalt willen/ in zweifel stellen? Das
wolte je Christen menschen nicht gebüren.

Aber das sey gnung auff dißmal/ wider den vermeinten Bericht/ von der
Communion/ Gott weiß/ von weme zu
hauff getragen/ vnd wüste gnung durch
einander geschlagen/ vnd letzlich zu München gedrucket. Dafür ich auß Christlicher liebe/ die einfaltigen habe warnen
wollen/ vnd werden sie auff anleitung
dieses meines schreibens/ durch Gottes
gnade leichtlich ersehen vnd innen werden
können/ mit was schalckheit vnd büberey/
Lügen vnd Lesterung/ die Meister desselben Münchischen Buchs vmbgangen/
vnd wie bößlichen sie die Warheit/ wider jr eigen gewissen/ gern vnterdrücken
wolten/ damit sie nur mit jhrem Abgott
dem Bapst/ das ansehen behalten möch-
ten/ als were jr thun alles recht vnd gut/
vngeachtet/ das es stracks/ klar offenbar
dem wort Gottes zuwider/ vnd zuentgegen ist.

gen ist. Vnd gehet jnen darüber / wie es allen Gottes feinden pflegt zugehen / das sie wider sich selbst / vnbedachtsam / die Warheit bekennen müssen / vnd mit ausdrücklichen worten von sich schreiben / vnd doch (damit man sehe / welcher Geist sie treibe) baldt darneben auch sträfflich / vñ mit grosser vermessenheit / grobe / greiffliche lügen vnd Lesterung / wider den Son Gottes ausspeyen / wie beydes in dem Münchischen Buch zusehen.

Gott sey Lob / der also seine / vnd der Warheit feinde zuschanden machet / der wolle auch hinfürter nachdrucken / vnd seine Wunder macht / durch sein wort an dem Antichrist / vnd seinen verfechtern beweisen / zu Lob seines heiligen Namens / vnd Trost der armen Christenheit / vmb seins lieben Sons willen / Amen.

Beschluss.

Also hat nu der Christliche Leser / in vorgehender meiner Schrifft / klare vnd gründtliche verlegung / des vermeinten / vngegründten Berichts von der Communion zu München gedrucket/ so viel beyde den Ersten vnd andern Theil/ desselben Buchs belanget.

Denn im Ersten Theil/ wollen sie beweisen/ Das der Brauch des Sacraments in einer gestalt alleine/ Recht/ Christlich/ vnd Apostolisch sey/ des fürt sie vier grunde.

Der Erste beweiset nichts/ Denn ob wol das Sacrament auffs schendtlichste were missbraucht worden/ vnd geschendet so solte man doch darumb desselben ersten/ vnd einigen rechten brauch/ von CHRIsto selbst eingesatzt nicht vorendern/ Gilt derhalben gar nichts/ Es hat sich bey der Communion/ vnter beyder gestalt/ viel vnrichtigs zugetragen/ darumb ists besser/ das Sacrament vnter einer gestalt nemen.

Der Ander Grundt gilt auch nichts/ das sie sagen/ Christus sey volkomen/ vnter einer gestalt/ so wol als vnter beyden/ Darumb sey es besser/ oder je so gut/ das Sacrament vnter einer gestalt alleine/ als vnter beyder/ handeln vnd reichen. Aber wo bleibt die ordnung/ vnd der befehl Christi? Oder wollen wir hie klüger sein/ denn er selbst? Darzu ists ein ander Disputatio/

vom

vom wesen des Sacraments / vnd aber ein ander vom Brauch desselben / reden.

Der dritte Grundt / bestehet Gleicher gestalt nicht / Denn das die Communion vnter einer gestalt / etwan vorlangst mit eingerissen / vñ an vielen ortẽ in den brauch komen / vnd darnach eine gewonheit daraus geworden / schleusset noch lange nicht / das sie darumb recht / vnd Gottes wort gemess sey / sonderlich weil die wort der einsatzung / das Hochwirdige Sacrament in beyder gestalt empfahen heissen.

Der vierde Grundt / kan hir nicht platz haben / denn das wenden sie in demselben für. Solte der Brauch vnter einer gestalt alleine nicht recht sein / so müste die gantze Christliche Kirche viel Jar geirret haben / Christus der jhr verheischen bey jhr zubleiben / zum lügener worden sein / etc. Aber wir lassen jhnen das nicht gut sein / das sie sich für die gantze Kirche ausgeben / wissen auch wol das die Bäpstische Kirche / nicht ist / die Christliche Kirche / vnd sagen kurtz / das die Bäpstische Kirche in Enderung der Communion geirret / vnd wider die einsatzung vnd den befehl Christi gröblich gelich geirret habe. Wir sagen auch weiter/ das weder die Bäpstische/ noch die ware Christliche kirche macht habe/ Des Herrn JHEsu Christi letztes Testament im geringsten zuendern. Wie ich das deutlich gnungsam dargethan vnd ausgeführet habe/ Vnd ligt also alles was sie für behelff/ für die eine Gestalt fürwenden/ vber einen hauffen zubodem/ vnd ist also jhr beweisung aller dinge nichts. Die vrsachen sindt wie gehört diese.

1. Kein missbrauch/ ist vrsach gnug/ auffzuheben/ oder zuendern/ den rechten brauch des Sacraments/ der biss der HERR kümpt/ zuhalten befohlen worden.

2. Kein vernünfftiges bedencken/ ist gnugsam dē Brauch des Sacraments zuendern.

3. Kein eingerissene/ newe oder alte gewonheit/ sol mehr gelten/ denn die erste eingesetzte/ vnd befohlene ordnung von austheilung vnd reichung dieses Sacraments.

4. Keine Braut/ vnd keine Erben/ haben macht jres Breutgams oder Vatern wolgemachtes/ vnd durch den Todt bestetigts Testament zuendern. Also hats auch die kirche weder macht noch befehl/ das Testament jhres HErrn Christi zuendern.

Im Andern Theil/ des Münchischen Buchs/ vnterstehen sich die verblendten/ vnd mutwillig verstockten leute/ vnser Argument vnd bewerung/ das die Leyen so wol als die Priester/ das Sacrament inn beyder gestalt nehmen sollen/ vmbzustossen/ aber alles vergebens vnd vmbsunst. Machen jhnen vnnütze arbeit/ vnd geben nur jr thorheit desser mehr dadurch an tag. Denn sie müssen vns diese gründe/ kurtzumb gut sein/ vnd bleiben lassen.

Christus hat das Sacrament vnter beyder gestalt zu nehmen/ für die gantze kirche eingesetzt. 1.

Christus hat ohne vnterscheidt/der stende vñ Personen/beydes befohlen/ Nemlich Essen/ vnd auch auss dem Kelch trincken. 2.

CHRIstus hat das Sacrament selbst in beyder gestalt/ vnd niemals anders gereichet. 3.

Christus befihlet der gantzen kirchen/ kein gliedt aussgenohmen/ sein Blutt zutrincken/ vnd seiner dabey zugedencken. 4.

Die Euangelisten vnd Apostel/ wissen vnd schreiben von keiner andern Communion/ denn alleine von der vnter beyder gestalt. 5.

Beschluss.

Die Erste kirche / wie der Corinthier vnd anderer gemeinen Exempel ausweisen / haben von keinem andern brauch des Sacraments / denn vnter beyder gestalt / wie es Christus befohlen gewist.

Die rechte ware Catholische Christliche kirche / hat nie in den missbrauch der einen gestalt gewilligt / vnd die gliedtmassen der waren kirchen / so vnter des Bapsts Joch liegen müssen / sind niemals mit dem Bäpstischen kelchraub zufrieden gewesen.

Des Sacraments eine gestalt mit gewalt den gemeinen Christen entziehen / oder das sie sich dessen enthalten / mit glattē worten bereden / oder dahin bewegen wollen / Den Kelchraub für recht vnd Christlich zu bekennen. Ist wider Gottes willen / wider CHRJsti einsatzung / wider die Heilige Schrifft / wider den Glauben / wider die Christliche Liebe / wider alle Gottselige ordnung / Ehrbarkeit vnd Billigkeit. Ja es ist Gottloss / Antichristisch / Jhesuiderisch / Bäpstisch / Hellisch vñ teuffelisch.

Hiewider können / mögē noch sollen vnsere widersacher nimmermehr in alle ewigkeit / etwas in der Schrifft gegründts / oder

sunst

kunst bestendigs auffbringen / sondern es wirdt / wil / sol vnd muss dieses war vnd recht bleiben / vnd solten sie sich zu tode dawider schreyen / schreiben / lestern / liegen / wüten vnd toben / Gott erleuchte / Die so vnwissendt jrren / vmb seines lieben Sons Jhesu Christi willen / AMEN.

Erhalt vns HERR bey deinem wort /
    Vnd stewr des Bapsts vnd Türcken mord /
    Die Jhesum Christum deinen Son /
    Stürtzen wollen von seinem Thron.
Beweiss deine macht Herr Jhesu Christ /
    Der du HERR aller Herren bist /
    Beschirm dein arme Christenheit /
    Das sie dich Lob in ewigkeit.
Gott heiliger Geist du Tröster werd /
    Gib deinem Volck einerley sinn auff Erd /
    Steh bey vns in der letzten not /
    Gleit vns ins leben auff den Todt / Amen.

Vrtheil des heiligen Apostels / vnd Euangelisten S. Johannis / von dem Bapst vnd seinem geöleten beschorenen hauffen / wo die nicht / von jhrer falschen Lehre vnd Gottlosem leben / sich warhafftig bekeren werden / Apoc. 21.

Beschluss.

Den verzagten / vnd vngleubigen / vnd grewlichen / vnd Todtschlegern / vnd Hurern / vnd Zauberern / vnd Abgöttischen / vnd allen Lügnern / Deren theil wirdt sein in dem pful / der mit Fewer vnd Schwefel brennet / Welchs ist der ander Todt.

Gedruckt zu Eisleben / Durch Andream Petri.